Alemán sencillo
para hispanohablantes

Alemán sencillo para hispanohablantes
Método rápido y eficaz de aprendizaje

Herbert Caller Gutiérrez

www.librosenred.com

Dirección General: Marcelo Perazolo
Diseño de cubierta: Stefanie Sancassano
Diagramación de interiores: Vanesa L. Rivera

Está prohibida la reproducción total o parcial de este libro, su tratamiento informático, la transmisión de cualquier forma o de cualquier medio, ya sea electrónico, mecánico, por fotocopia, registro u otros métodos, sin el permiso previo escrito de los titulares del Copyright.

Primera edición en español - Impresión bajo demanda

© LibrosEnRed, 2013
Una marca registrada de Amertown International S.A.

ISBN: 978-1-59754-996-7

Para encargar más copias de este libro o conocer otros libros de esta colección visite www.librosenred.com

Agradecimientos

Dedico mi primer libro ante todo a mi querida familia; pero sobre todo a mis queridos padres Rodolfo Caller y Sonia Gutiérrez, y a mi compañera María Cristina Cataño, de quien de manera permanente he recibido el apoyo y el ánimo necesarios. Y a mis queridos maestros del idioma alemán, comenzando por Mirian Gómez, del Centro de Idiomas Virgen de Las Mercedes; a Katja Srodka –quien fue una excelente docente y profesora principal de mi grupo de estudio–; a Susanne Bauer y a Ursula Schürger –quienes fueron mis profesores desde octubre de 2008 a junio de 2009–; a Frank Mölle –quien es actualmente la profesora principal de mi grupo de estudio–; a Berlager Thiel y a Dierk Möno-Nolting, profesores de mi grupo desde febrero a julio de 2013; todos ellos formaron parte del grupo de profesores en la Academia Federal de Idiomas Bundessprachenamt, en la República Federal de Alemania.

Finalmente, un agradecimiento muy especial a Claudia Dostal, doctora e investigadora austríaca de Sugestopedia de los métodos de súper aprendizaje, y especialista en idiomas, a quien tuve el gusto de conocer en la Feria Internacional de Educación más importante del mundo, realizada en la ciudad de Colonia (Alemania), en febrero del presente año, y con la que llevé un curso privado de súper aprendizaje-super learning.

Ella plasmó su apreciación respecto al libro que usted tiene en sus manos.

Introducción

En primer lugar, quisiera explicar la importancia que tiene el conocimiento de los idiomas en este mundo globalizado, caracterizado por haber eliminado prácticamente las fronteras que impedían el flujo continuo e inmediato de la información y la comunicación entre las personas de diferentes naciones. Es por eso que resalto la frase del austríaco Ludwig Josef Johann Wittgenstein en su obra *El Tractatus Lógico-Philosophicus*, publicada en el año 1923: "Los límites de mi lenguaje son los límites de mi mundo", con la que expresó que la lógica es el andamiaje o la estructura sobre la cual se levanta nuestro lenguaje descriptivo, o sea, nuestra ciencia y nuestro mundo, que es aquello que nuestro lenguaje o nuestra ciencia describe.

Esta frase tiene mucho significado e importancia porque nos quiere decir, y eso está demostrado en la realidad, que el conocimiento de los idiomas es de trascendental relevancia: constituye una herramienta necesaria que nos acerca a la cultura de un país determinado, y nos capacita así para realizar una actuación sobresaliente en el mundo.

¿Podríamos esperar que una persona planifique un viaje de estudios o de negocios a la República Federal de Alemania si no tiene la capacidad de comunicarse en alemán o por lo menos con el conocimiento del idioma inglés? Claro está que siempre se tendrá una mejor capacidad de negociación o de cumplimiento de los objetivos en el caso de hablar el idioma del país que se visita.

Los seres humanos del nuevo siglo están obligados directa o indirectamente a contar con capacidad de comunicación a nivel mundial, y para ello requieren de un puente, que se materializa en el idioma respectivo del país de interés.

Pero podríamos preguntarnos también, ¿quién es el que debe construir ese puente de comunicación? Vale decir, ¿cuál es el idioma que debe ser aprendido? La respuesta en realidad es sencilla, se debe aprender el idioma que tiene –relativamente hablando– una posición de ventaja; así lo ha demostrado la historia: al expandirse, por ejemplo, el poderío español, se expandió también ese idioma, y lo mismo ocurrió con el idioma portugués, francés, italiano, inglés, entre otros.

En la actualidad, se puede decir que el idioma mundial es el inglés, y eso no es casualidad, sino el resultado del crecimiento económico y concentración de poder de una de las dos superpotencias nacidas después de la Segunda Guerra Mundial; al incrementarse este poder después de la caída del Muro de Berlín, que dio por finalizada la Guerra Fría, expandió su influencia por todo el mundo, lo que implicó entre otras cuestiones la mundialización de su idioma.

Eso nos demuestra que, ante la necesidad de cubrir un requerimiento de cualquier tipo en el que participen dos o más actores de distintas nacionalidades e idiomas, el que se encuentre en la posición de desventaja pero tenga mayor interés deberá contar con la capacidad de comunicarse en el idioma del que está en la posición de ventaja.

Por ejemplo, si queremos realizar estudios de pre o posgrado en el mundo europeo, seguramente nuestra decisión estará sujeta a algo muy puntual, nuestra competencia comunicacional en el idioma del país que nos interesa; vale decir, no podremos pretender estudiar, por caso, en Alemania, sin tener el conocimiento mínimo del idioma alemán.

El libro que con mucha humildad –pero, al mismo tiempo, con mucho orgullo– presento aportará a los interesados una introducción completa al idioma alemán, que servirá en gran medida tanto a quienes están estudiando el idioma como a aquellos que deseen iniciarse en él.

Esta obra no pretende sustituir otros materiales de consulta. Simplemente ayudará a entender de manera sencilla y rápida la estructura del idioma alemán, con novedosas tablas de contenido, como la que relaciona más de 300 verbos en alemán parecidos en su escritura y pronunciación a los verbos en castellano, o la de 650 adjetivos de igual característica. Es por eso que este libro no solo le será útil al hispanohablante que está aprendiendo alemán, sino también al germano hablante en relación al idioma alemán que está aprendiendo castellano.

Por otro lado, es mi deber realizar una crítica constructiva en relación con los métodos de evaluación correspondientes de un idioma; esto lo digo por experiencia propia, ya que en realidad, en la mayoría de instituciones de formación, no se evalúan de manera clara y diferenciada las cuatro competencias que debe conocer y desarrollar todo estudiante, vale decir: la capacidad para entender al escuchar (pasivo), la capacidad para entender al leer (pasivo), la capacidad para hablar (activo), y la capacidad de escribir (activo), y son los dos primeros los normalmente evaluados y en los que se invierte más tiempo en el aprendizaje de un idioma, por lo que se deja un poco de lado el aspecto más importante, el poder comunicarse de manera hablada. Es por eso que hago un llamado a la reflexión y a la ejecución de los cambios necesarios para mejorar la calidad no solo de la enseñanza de idiomas, sino sobre todo la verificación del conocimiento en todas las competencias que involucra.

Es importante que usted sepa que con la información disponible en este libro pude obtener con éxito resultados mayores a los exigidos por la Academia Federal de Idiomas alemana "Bundessprachenamt", encargada de la enseñanza y de la evaluación correspondiente del idioma alemán. Después de cumplir el tiempo de estudio requerido, vale decir nueve meses de estudio, alcancé el nivel 3 en comprensión de lectura, nivel 3 en comprensión de audio, nivel 4 en la evaluación oral (lo requerido era el nivel 3), y el nivel 3 en la evaluación escrita (lo requerido era el nivel 2) en junio del año 2009. Pero por ser una certificación no reconocida a nivel mundial, tomé la decisión de rendir una evaluación en el Instituto Goethe de Hamburgo, en la que obtuve la certificación correspondiente al nivel avanzado C1 en el mes de mayo del año 2010.

Por otra parte quisiera indicar que el idioma alemán es una verdadera herramienta que puede ser utilizada no solo en Alemania, como muchas personas creen (país en el que es hablado por 77 millones de personas, aproximadamente el 95% de su población), en Austria (por 7 millones, aproximadamente el 89% de su población) y Suiza (con 5 millones, aproximadamente el 65% de su población), sino también que es hablado en Brasil por 3 millones de personas, en Estados Unidos por más de 1 millón, en Polonia por 800 mil, en Rusia por 600 mil, en Argentina por 500 mil, en Canadá por 450 mil, en Bolivia por 360 mil, en Kazajistán por 350 mil, en Luxemburgo por 300 mil, así como por 250 mil hablantes en Italia. Y que existen además países en los que el idioma es hablado por más de 100 mil habitantes, como es el caso de Hungría, Paraguay, Australia, México y Ucrania.

Finalmente quisiera manifestar mi alegría de poder contribuir no solo con los hispanohablantes de los 21 países del mundo, desde México en América del Norte, Costa Rica en América Central, Perú en América del Sur, España en Europa y Guinea Ecuatorial en África, que estén estudiando el idioma alemán, sino también con los germano hablantes con respecto al estudio del castellano.

Comentarios de la Dra. Claudia Dostal

Un libro de la práctica para la práctica: esto es lo que ahora tiene usted entre sus manos. Herbert Caller Gutiérrez, para quien la formación continua es parte de su vida, comparte con usted las experiencias de su exitoso estudio del alemán, que realizó en muy poco tiempo.

Conocí a Herbert Caller hace poco y me impresionó mucho cómo domina el alemán: lo habla muy correctamente y tiene un vocabulario elaborado, lo que, sinceramente, es muy poco frecuente. El alemán no forma parte de las lenguas latinas y tiene por eso una estructura muy diferente al español, y esto complica el proceso de aprendizaje para los latinos.

Precisamente por ello, este libro es muy valioso para aquellos que quieren ahorrar tiempo y quieran dominar el idioma alemán a un nivel muy alto. Deseo a todos que su proceso de estudio sea más corto, que puedan evitar rodeos innecesarios.

La comprensión de un idioma a través de la lectura siempre es más fácil que hablar. Por ello les recomiendo que se fijen especialmente en el consejo de Herbert Caller de centrarse en las capacidades para escuchar y para hablar, puesto que el papel más importante de un idioma es la comunicación.

¿Cómo puede usted practicar estas capacidades?

Le propongo dos ejercicios fáciles para entrenar su fluidez verbal:

1. Método "con voz"

Leer los textos cuatro veces consecutivas a viva voz, empleando diferentes tonos de voz y velocidad (por ejemplo, susurrando, gritando, con voz enamorada o furiosa, muy rápido o muy lento...): este ejercicio activa su percepción sensorial de distinción auditiva y mejora su pronunciación notablemente. Además, así amplía usted su vocabulario y le resultará más fácil expresar lo que quiere decir.

Le recomiendo usar este método para estudiar el vocabulario de la tabla de verbos y la tabla con los 650 adjetivos de este libro.

2. Método "ver tres veces"

Ver vídeos en YouTube de unos minutos de duración y volver a verlos por lo menos tres veces de forma seguida. Probablemente se sorprenderá al comprobar que entiende mucho más la segunda vez y aún más la tercera vez, ¡sin haber buscado una sola palabra en el diccionario!

Estos métodos son fáciles de aplicar y en seguida experimentará el efecto descrito.

¡Que tenga mucho éxito y que se divierta al mismo tiempo aprendiendo alemán!

Cordialmente,

Dra. Claudia Dostal, **brainbox**®

Experta en nuevos métodos de enseñanza y aprendizaje, la doctora Claudia Dostal es fundadora y directora del instituto **Brainbox**® (1989, Austria: Graz, Innsbruck, Klagenfurt, Salzburgo, Viena), que ofrece herramientas efectivas e innovadoras para aprender y enseñar con más facilidad y más éxito. **Brainbox**® es uno de los primeros institutos mundiales que se dedica profesionalmente a desarrollar métodos de aprendizaje de idiomas y a su aplicación en la práctica: www.brainbox.at.

En el presente libro se utilizarán y mostrarán vocales, consonantes o sílabas con diferentes variantes tipográficas para una mayor comprensión y memorización visual de parte del lector.

1. *Cursiva*: Para los verbos conjugados.

2. <u>Subrayado</u>: Para las declinaciones, preposiciones, conjunciones, adverbios, otros.

3. **Negrita:** Para las letras mayúsculas de los sustantivos.

1. Formación de oraciones

Lo primero que todo estudiante de idiomas desea aprender es su estructura. Por eso considero conveniente mostrar en primer lugar cómo se organizan las oraciones en el idioma alemán, para poder después explicar cada una de las partes de la oración.

Esta es una de las grandes diferencias que quiero introducir, ya que en la mayoría de libros de gramática alemana se presenta dicha información de manera distinta. Visualizando la imagen completa de la estructura del idioma, será más fácil poder entender y diferenciar sus partes; de lo contrario, sería como querer armar un rompecabezas sin antes haber podido representarse su imagen final. Claro que se puede cumplir con el objetivo de todas formas, pero la pregunta sería: ¿cuánto tiempo adicional requeriríamos para eso?, ¿no es mejor visualizar primero la imagen que finalmente se debe formar?

Para armar oraciones en alemán, es importante considerar que estas pueden tener las siguientes declinaciones:

1. Nominativo: Es una oración en la que normalmente se describe una cosa o una persona, va acompañado del verbo "ser" o "estar", que en alemán es el verbo "sein". El nominativo también es llamado "Werfall" porque responde a la pregunta "Wer-Quién" o "Was-Qué".

Herr Schumacher *ist* d*er* **D**irektor. (Descripción de una persona).

El señor Schumacher es el director.

Wer *ist* d*er* **D**irektor?

¿Quién es el director?

Mein neu*es* **A**uto *ist* sehr teuer. (Descripción de un objeto).

Mi auto nuevo es muy caro.

Was *ist* sehr teuer?

¿Qué es muy caro?

2. Acusativo: Es el complemento directo, el objeto directo, indica adónde apunta el accionar del verbo. El acusativo trabaja siempre con los verbos *transitivos*, que indican movimiento o una acción determinada. Es una oración que describe una acción determinada realizada por alguien, que recae directamente en una persona o en un objeto.

Ich *sehe* di*ch* au*f* d*er* **S**traße (Acción que recae en una persona).

Yo te veo en la calle.

Ich *mache* dein*e* **H**ausaufgabe (Acción que recae en un objeto).

Yo hago tu tarea.

3. Dativo: Expresa la dirección que tiene una acción determinada, vale decir, que la acción realizada por alguien va dirigida normalmente hacia alguien o hacia algo.

Wir *schreiben* d<u>ir</u> <u>einen</u> **B**rief.

Nosotros te escribimos una carta.

Ich *schenke* d<u>ir</u> <u>ein</u> **A**uto.

Yo te regalo un auto.

4. Genitivo: Indica la propiedad, la pertenencia de algo a alguien.

Das **H**aus d<u>er</u> **F**rau.

La casa de la mujer.

Die **E**rinnerung sein<u>es</u> **T**od<u>es</u>.

El recuerdo de su muerte.

A continuación, se presenta una oración con la finalidad de analizar y aprender su estructura correspondiente.

Ich - *mache* - <u>die **H**ausaufgabe</u> - <u>am</u> **W**ochenende -
 1   2   3   4
<u>mit meinem</u> **B**ruder - <u>zu</u> **H**ause.
    5   6

Yo - *hago* - <u>la tarea</u> - el fin de semana - <u>con mi hermano</u> - en casa.

Los números están considerados con la finalidad de poder visualizar mejor dicha estructura y poder entender de manera más sencilla el idioma. Los números mostrados tienen la siguiente representación:

1. **Pronombre personal:** Personal Pronomen.
2. **Verbo:** Verb.
3. **Objeto directo:** Direktes Objekt.
4. **Información de tiempo:** Angabe Zeit.
5. **Información modal:** Angabe Umstand.
6. **Información de lugar:** Ortsangabe.

Como podemos observar en el ejemplo anterior, la estructura de la oración está compuesta por un "Pronombre personal: Ich-Yo", por un "Verbo: mache-hago", por la "Información del objeto: die Hausaufgabe-la tarea", por la "Información de tiempo: am Wochenende-el fin de semana", por la "Información modal: mit meinem Bruder", y por la "Información de lugar: zu Hause-en casa".

Pero adicionalmente podemos observar que en la oración se utilizan "Preposiciones: am-mit-zu", así como "Artículos posesivos: meinem Bruder-mi hermano".

Es por eso que se explicará cada parte de la estructura de la oración en la misma secuencia presentada en el ejemplo.

2. Los pronombres personales

Este es uno de los puntos más importantes y quizá más problemáticos que tiene el idioma alemán. El alemán cuenta con los pronombres personales tanto en nominativo como en acusativo y dativo, los cuales se conjugan de acuerdo con lo mostrado en la Tabla "Pronombres personales" del Anexo 1. En el caso del idioma castellano solo existe la forma del nominativo y la forma correspondiente tanto en acusativo como en dativo, la cual también se muestra en la tabla mencionada anteriormente para su mejor comprensión. El pronombre personal es determinante para poder conjugar el verbo. Los pronombres personales pueden conjugarse en acusativo o dativo, eso dependerá directamente de:

1. El verbo utilizado: ya que hay verbos que obligan a declinar los pronombres personales en acusativo o dativo (Ver Tabla de Lista de verbos del Anexo 7).

2. La preposición utilizada: ya que hay preposiciones que obligan a declinar los pronombres personales en acusativo o dativo (Ver Tabla de Preposiciones del Anexo 9).

Véase Tabla de Pronombres personales del Anexo 1 y Tabla de Verbos que declinan en acusativo del Anexo 7.

Ich *liebe* di<u>ch</u>.

Yo te quiero.

Véase Tabla de Pronombres personales del Anexo 1 y Tabla de Verbos que declinan en dativo del Anexo 7.

Ich *danke* di<u>r</u>.

Yo te agradezco.

Véase Tabla de Pronombres personales del Anexo 1 y Tabla de preposiciones que declinan en acusativo del Anexo 9.

Wir *machen* immer d<u>ie</u> **A**rbeit <u>für</u> di<u>ch</u>

Nosotros hacemos siempre el trabajo por ti.

Véase Tabla de Pronombres personales del Anexo 1 y Tabla de Preposiciones que declinan en dativo del Anexo 9.

Wir *gehen* <u>mit</u> di<u>r</u> in<u>s</u> **K**ino.

Nosotros vamos al cine contigo.

3. El verbo

Es importante mencionar que en el idioma alemán solo existe el verbo "**sein**", que en castellano tiene el significado y el uso de los verbos "**ser**" y "**estar**". La respectiva conjugación del verbo *sein* tanto en presente y pasado como en futuro, se encuentra detallada en la Tabla Verbo *sein* del Anexo 4. La posición del verbo es un punto fundamental en la gramática alemana. El verbo siempre debe estar en la segunda posición.

Ich - *mache* - die Hausaufgabe - am **W**ochenende - mit meinem **B**ruder - zu **H**ause.

Yo - *hago* - la tarea - el fin de semana - con mi hermano - en casa.

Es importante indicar que la posición del verbo no cambia (debe ir en la segunda posición), en cambio los demás componentes de la oración sí pueden modificar su posición. Por ejemplo:

Die Hausaufgabe - *mache* - ich - am **W**ochenende - mit meinem **B**ruder - zu **H**ause.

Am **W**ochenende - *mache* - ich - die Hausaufgabe - mit meinem **B**ruder - zu **H**ause.

Mit meinem **B**ruder - *mache* - ich - die Hausaufgabe - am Wochenende - zu **H**ause.

Zu **H**ause - *mache* - ich - die Hausaufgabe - am Wochenende - mit meinem **B**ruder.

Nótese que se puede usar esta forma con la finalidad de darle mayor énfasis a la información que consideramos más relevante, la cual va en la primera posición.

Para la formación de oraciones en los diferentes tiempos verbales, se debe tener en cuenta que en el idioma alemán existen "Verbos regulares - **regelmäßige Verben**", "Verbos irregulares - **unregelmäßige Verben**", "Verbos separables - **trennbare Verben**", "Verbos reflexivos - **reflexive Verben**", "Verbos modales - **Modalverben**", "Verbos con preposición *zu* .**Verben mit Präposition zu**", así como también "Verbos con determinadas preposiciones - **Verben mit festen Präpositionen**".

Los "**Verbos regulares**" son aquellos que tienen una forma definida o regular en su formación al conjugarse con los distintos pronombres personales y aquellos que se atienden estrechamente a modelos de conjugación. La manera de conjugar los verbos regulares está explicada en la Tabla Conjugación de Verbos regulares del Anexo 5.

Ich mach*e* d*ie* **H**ausaufgabe.	Yo hago la tarea.
Du mach*st* d*ie* **H**ausaufgabe.	Tú haces la tarea.
Er/sie/es mach*t* d*ie* **H**ausaufgabe.	Él/Ella hace la tarea.
Wir mach*en* d*ie* **H**ausaufgabe.	Nosotros hacemos la tarea.

Ihr mach*t* d*ie* **H**ausaufgabe.   Ustedes hacen la tarea.

Sie/sie mach*en* d*ie* **H**ausaufgabe.   Ustedes-Usted/Ellos hacen la tarea.

Los "**Verbos irregulares**", como su nombre lo indica, son irregulares en su conjugación con los diferentes pronombres personales: son verbos que poseen conjugaciones particulares y es por ello que necesariamente se debe aprender la conjugación singular de cada verbo.

Ich *habe* ein schön*es* **A**uto.	Yo tengo un bonito auto.
Du *hast* ein schön*es* **A**uto.	Tú tienes un bonito auto.
Er/sie/es *hat* ein schön*es* **A**uto.	Él/Ella tiene un bonito auto.
Wir *haben* ein schön*es* **A**uto.	Nosotros tenemos un bonito auto.
Ihr *habt* ein schön*es* **A**uto.	Ustedes tienen un bonito auto.
Sie/sie *haben* ein schön*es* **A**uto.	Ustedes-Usted /Ellos tienen un bonito auto.

Los "**Verbos separables**" son aquellos verbos que cuentan con un prefijo. Se denominan separables porque el prefijo se separa y se desplaza al final de la oración. Es importante recordar que la posición del verbo siempre es la segunda y que corresponde en este caso la segunda posición a la ocupada por el sufijo, y la última posición al prefijo. Para determinar si un verbo es separable o no se debe tener en cuenta lo siguiente:

1. **Los siguientes prefijos siempre forman parte de los verbos separables:** ab, an, auf, aus, bei, ein, fest, frei, her, hin, hoch, los, mit, vor, vorbei, weg, zu, zurück, zusammen.
2. **Los siguientes prefijos no siempre son separables:** durch, hinter, über, um, unter, wider, wieder.

3. **Los siguientes prefijos nunca son separables:** be, emp, ent, er, ge, miss, ver, zer.

Es muy importante saber que una raíz con un prefijo distinto puede cambiar totalmente el significado del verbo. Asimismo, se debe saber si un verbo es separable o no para formar adecuadamente la estructura de la oración.

En el primer punto por ejemplo, el verbo **"hören"** significa 'oír' o 'escuchar', pero el verbo separable **"zuhören"** significa 'escuchar con atención' y el verbo separable **"aufhören"** significa 'terminar'.

Ich *höre* mein*e* **M**utter (Verbo en segunda posición).

Yo oigo a mi madre.

Ich *höre* mein*er* **M**utter *zu* (Verbo separable, raíz en segunda y prefijo en última posición).

Yo escucho con atención a mi madre.

Ich *höre* *mit* *dem* **R**auchen *auf* (Verbo separable, raíz en segunda y prefijo en última posición).

Yo dejo de fumar.

En el segundo punto el verbo no separable **"übersetzen"** significa 'traducir', pero el verbo separable **"übersetzen"** significa 'cruzar'.

Ich *übersetze* d*en* deutsch*en* **T**ext (Verbo en segunda posición).

Yo traduzco el texto alemán.

Ein **F**ischer *setzt* uns an*s* ander*e* **U**fer *über* (Verbo separable, raíz en segunda y prefijo en última posición).

Un pescador nos lleva a otra orilla.

En el tercer punto no hay ningún problema porque todos aquellos prefijos indican que no se trata de verbos separables.

Der Fluss *zerstört* d<u>ie</u> **H**äuser.

El río destruye las casas.

Los "**Verbos reflexivos**" son aquellos verbos que indican que la acción del verbo recae sobre el mismo sujeto que la realiza. Por ello se presenta la conjugación de los pronombres personales en reflexivo, así como los verbos reflexivos más comunes en la Tabla de Verbos reflexivos y la Tabla Verbos reflexivos con determinadas preposiciones del Anexo 7.

Wir *freuen* uns <u>auf</u> dein<u>en</u> **B**esuch.

Nosotros nos alegramos por tu visita.

Ich *interessiere* mich <u>für</u> di<u>ch</u>.

Yo me intereso por ti.

Los "**Verbos modales**" son aquellos verbos que van conjugados en la segunda posición, y requieren del uso de un segundo verbo que da la idea final de la oración, el cual debe estar ubicado en la última posición y en infinitivo. La lista de verbos modales con su respectiva conjugación en presente y pasado está en la Tabla de Verbos modales del Anexo 6.

Wir *müssen* früh zu<u>r</u> **A**rbeit *gehen*.

Nosotros debemos ir temprano al trabajo.

Der Fluss *kann* d<u>ie</u> **H**äuser *zerstören*.

El río puede destruir las casas.

Los "**Verbos con preposición** *zu*" son aquellos que se usan de manera muy similar a los verbos modales: deben ir conjugados en la segunda posición. Estos verbos, al igual que en castellano, requieren de otro verbo para completar la idea de la oración, por eso la necesidad de la preposición "zu", lo que obliga a que el segundo verbo esté ubicado al final de la oración y en la forma de infinitivo. El uso de esta preposición "zu" es similar a la del castellano "de" o "que". La lista de verbos se presenta en la Tabla de Verbos con Preposición Zu del Anexo 7.

Ich *versuche* mein<u>e</u> **P**rüfung <u>zu</u> *bestehen*

Yo trato de aprobar mi examen.

Du *erlaubst* d<u>en</u> **K**inder<u>n</u> <u>im</u> **H**aus <u>zu</u> *spielen*.

Tú permites que los niños jueguen en la casa.

En importante mencionar que hay algunos verbos que pueden usar o no la preposición "**zu**" como es el caso del verbo "**Helfen-Ayudar**" o de "**Lernen-Aprender**".

Ich *helfe* d<u>ir</u> dein<u>e</u> **A**rbeit <u>zu</u> *beenden* (Con preposición zu).

Te ayudo a terminar tu trabajo.

Ich *helfe* d<u>ir</u> dein<u>e</u> **A**rbeit *beenden* (Sin preposición zu).

Te ayudo a terminar tu trabajo.

También existen verbos que cumplen una función auxiliar al usarse, gramaticalmente hablando, como los verbos modales; vale decir, se pueden usar con otros verbos sin requerir del uso de la preposición "**zu**" como en el caso de los siguientes verbos:

1. **bleiben:** Permanecer.
2. **fahren:** Manejar.
3. **fühlen:** Sentir.
4. **gehen:** Ir.
5. **hören:** Escuchar.
6. **lassen:** Dejar.
7. **sehen:** Mirar.

Ich *habe* hunger, deswegen *gehe* ich *essen*.

Tengo hambre, por eso voy a comer.

Immer wenn wir <u>in</u> dein<u>em</u> Haus *sind*, *hören* wir d<u>ie</u> Kinder *singen*.

Siempre que nosotros estamos en tu casa, escuchamos cantar a los niños.

Du *lässt* dein<u>e</u> Haare jed<u>en</u> Monat *schneiden*

Tú dejas cortarte el cabello cada mes.

Die Lehrer *sehen* <u>uns</u> immer *sprechen*.

Los profesores siempre nos ven hablar.

Nótese que tanto los verbos que usan preposición "**zu**" como los que no usan tal preposición obligan a que el verbo que da la información principal vaya al final de la oración y en la forma de infinitivo.

Los "**Verbos con determinadas preposiciones**" son aquellos verbos que requieren de un uso exclusivo de ciertas preposiciones, las cuales se presentan en la Tabla de Verbos con determinadas preposiciones del Anexo 7. También se presenta en este punto una Tabla de Verbos reflexivos con determinadas preposiciones del Anexo 7.

> Du *kannst* von dies*er* **G**elegenheit *profitieren* (Profitieren von – Aprovechar de).
>
> Tú puedes aprovechar de esa oportunidad.
>
> Wir *treffen uns* mit unser*en* **K**ameraden im **K**ino (Sich treffen mit – Encontrarse con).
>
> Nosotros nos encontramos con nuestros camaradas en el cine.
>
> Sie *unterhalten sich* über ein neu*es* **T**hema (Sich unterhalten über – Conversar sobre).
>
> Ellos conversan sobre un nuevo tema.

Finalmente, presento la Tabla Verbos similares al idioma castellano del Anexo 7 en la que encontrarán más de 300 verbos en alemán que tienen mucha semejanza en su escritura y pronunciación en relación a los verbos en castellano con el mismo significado.

4. El objeto directo

Indica aquella cosa o persona sobre la que recae la acción del verbo. En este caso estamos hablando de las oraciones que se declinan en acusativo, dativo e incluso genitivo, mas no en nominativo, ya que el nominativo solo describe un objeto o una persona. Volveremos a tomar el ejemplo del punto 2 en la que se describió al verbo.

Véase Tabla de Pronombres personales del Anexo 1 y Tabla de Verbos que declinan en acusativo del Anexo 7.

Ich - *mache* - die Hausaufgabe - am Wochenende - mit meinem Bruder - zu Hause.

Yo - *hago* - la tarea - el fin de semana - con mi hermano - en casa.

Notamos en este ejemplo que el verbo indica la acción "machen-hacer", pero ¿qué cosa se hace? Es *la tarea*, la acción de hacer recae sobre *la tarea*; en este caso el objeto es *la tarea*.

Véase Tabla de Pronombres personales del Anexo 1 y Tabla de Verbos que declinan en dativo del Anexo 7.

Ich - *gebe* - dir - zu Hause - einen Fernseher (pronombre personal declinado en dativo y el objeto en acusativo).

Yo - *te* - *doy* - en casa un televisor.

Notamos en este ejemplo que el verbo indica la acción "geben-dar", pero ¿a quién se da?, y ¿qué cosa se da? A *ti* se te da *el televisor*, la acción de dar recae tanto sobre una persona como sobre una cosa.

En este tipo de casos, en los que la acción del verbo recae en una persona y en un objeto, se debe declinar siempre la persona en dativo y el objeto en acusativo. Naturalmente hay ocasiones en las que no necesariamente se requiere que la acción se dirija a una persona, sino únicamente sobre el objeto; en estos casos, el objeto se sigue declinando en acusativo, como por ejemplo:

Ich - *schreibe* - d<u>ir</u> - ein<u>en</u> **B**rief - **zu** **H**ause (recae sobre una persona-dativo y recae sobre una cosa-acusativo).

Yo - <u>te</u> - *escribo* - <u>una carta</u> - en casa.

Ich - *schreibe* - ein<u>en</u> **B**rief - **zu** **H**ause (recae sólo sobre una cosa-acusativo).

Yo - *escribo* - <u>una carta</u> - en casa.

En los ejemplos, también podemos observar que cuando la acción que recae sobre un objeto, este puede estar relacionado a un "**objeto o artículo determinado**" o un "**objeto o artículo indeterminado**", e incluso a los "**pronombres posesivos**", los cuales indican pertenencia.

El "**artículo determinado**", también denominado "**artículo definido**", es el artículo que se coloca delante de un nombre e indica que el sustantivo del que se habla es conocido por el hablante. Por ejemplo:

Das **H**aus *gehört* m<u>ir</u>.

La casa me pertenece o la casa es mía (Sabemos de qué casa estamos hablando).

Véase Tabla de Declinación de artículos determinados del Anexo 8.

Ich - *gebe* - d<u>i</u>r - d<u>en</u> Fernseher - <u>zu</u> Hause (der Fernseher).

Yo - <u>te</u> - *doy* - <u>el televisor</u> - en casa (Sabemos de qué televisor estamos hablando).

El "**artículo indeterminado**", también llamado "**artículo indefinido**", es el artículo que se coloca delante de un nombre para indicar que el sustantivo del que se habla no es conocido por el receptor, o en algunos casos incluso por el mismo hablante o emisor. Por ejemplo:
Véase Tabla de Declinación de artículos indeterminados del Anexo 8.

Ich *habe* ein<u>en</u> Fernseher *gekauft* (der Fernsehen).

Yo he comprado un televisor (Los receptores no saben de qué televisor estoy hablando).

Ich *werde* ein<u>en</u> Fernseher *kaufen* (der Fernseher).

Yo compraré un televisor (No necesariamente sé qué televisor compraré).

Los "**pronombres posesivos**" son aquellos pronombres que indican pertenencia. Estos pronombres, así como sus respectivas declinaciones tanto en acusativo como en dativo, se detallan en la Tabla de Pronombres posesivos y declinaciones del Anexo 2. El pronombre posesivo se declina de acuerdo al artículo del objeto que indica la pertenencia.

Véase Tabla de Pronombres posesivos y declinaciones del Anexo 2.

Ich - *gebe* - d<u>ir</u> - mein<u>en</u> **F**ernseher - <u>zu</u> **H**ause (der Fernseher).

Yo - <u>te</u> - *doy* - <u>mi televisor</u> - en casa (Pronombre posesivo mi).

Ich - *habe* - dein<u>en</u> - **B**rief - *gelesen* (der Brief).

Yo - *he* - *leído* - <u>tu carta</u> (Pronombre posesivo tu).

Véase en la tabla que en el caso del idioma alemán solo existe una forma del pronombre posesivo en plural y se diferencia del castellano, que tiene una forma en plural masculino y otra, en femenino.

<u>Unsere</u> **H**äuser *sind* neu (die Häuser).

<u>Nuestras</u> casas son nuevas (Pronombre posesivo nuestras).

<u>Unsere</u> **A**utos *sind* alt (die Autos).

<u>Nuestros</u> autos son viejos (Pronombre posesivo nuestros).

5. Información de tiempo

Normalmente cuando se habla de tiempo, se habla de algo estacionario, es por eso que la declinación correspondiente debe ser en dativo, siempre que se use una preposición. Volvamos a repetir el ejemplo del punto 2.

Ich - *mache* - d<u>ie</u> **H**ausaufgabe - <u>am</u> **W**ochenende - <u>mit</u> mein<u>em</u> **B**ruder - <u>zu</u> **H**ause.

Yo - *hago* - <u>la tarea</u> - el fin de semana - <u>con mi hermano</u> - en casa.

Notamos en este ejemplo que la información de tiempo recae en "am Wochenende-el fin de semana". Ahora pasemos a explicar la respectiva declinación:

Para hablar del fin de semana-Wochenende, se requiere de la preposición "an".
Véase Tabla de Declinación de artículos determinados del Anexo 8.
<u>Am</u> **W**ochenende es la contracción de <u>an</u> <u>dem</u> **W**ochenende (das Wochenende).

<u>In</u> d<u>er</u> **W**oche gehe ich mindestens einmal in<u>s</u> **K**ino (die Woche)

En la semana voy al cine por lo menos una vez.

6. Información modal

La información modal nos describe el modo como se realiza la acción, y la declinación dependerá normalmente de la preposición utilizada. Volvamos a repetir el ejemplo del punto 2.

Ich - *mache* - d**ie** **H**ausaufgabe - **am** **W**ochenende - **mit** mein**em** **B**ruder - **zu** **H**ause.

Yo - *hago* - <u>la tarea</u> - el fin de semana - <u>con mi hermano</u> - en casa.

Notamos en este ejemplo que la información del modo recae en "mit meinem Bruder", con mi hermano.

Ich - *fahre* - jeden **T**ag - **mit** mein**em** **A**uto - **zur** **A**rbeit.

Yo - *voy* - todos los días - al trabajo - <u>con mi auto</u>.

Notamos en este ejemplo que la información del modo recae en "mit meinem Auto", con mi auto.

7. Información de lugar

Normalmente cuando se habla de lugar, se habla de algo estacionario, en el que la persona u objeto del que se habla puede estar, lo cual requiere de la declinación en dativo, o al que la persona u objeto se puede dirigir, por lo que se requiere en ese caso la declinación en acusativo.

Wir *gehen* in das (ins) Kino (das Kino) (Hay movimiento en la acción del verbo).

Nosotros vamos al cine.

Wir *sind* in dem (im) Kino (das Kino) (Sin movimiento, es estacionaria la acción del verbo).

Nosotros estamos en el cine.

Este tema se explicará más detalladamente en el punto 6, correspondiente al uso de las preposiciones.

Ahora continuaremos con otros conceptos gramaticales importantes que normalmente están presentes en una oración.

8. Las preposiciones

El uso de las preposiciones en el idioma alemán es uno de los temas más complejos, por eso se ha preparado para su mejor entendimiento una lista con las preposiciones más utilizadas, las cuales se presentan en la Tabla Preposiciones del Anexo 9. Para declinar correctamente, lo primero que debemos tener presente es el artículo correspondiente del sustantivo. Es por ello que se debe conocer exactamente dos cosas:
1. El artículo del sustantivo respectivo.
2. La declinación a usar, ya sea nominativo, acusativo, dativo o genitivo.

Para poder determinar el "**artículo de los sustantivos**", es importante tener en cuenta lo siguiente:
1. Los nombres de sujetos y objetos con terminación "**er**" tienen casi siempre el artículo masculino "**der**". Der Fahrer (el conductor), der Manager (el gerente).
2. Las palabras con terminación "**ismus**", "**ling**" y "**or**" tienen siempre el artículo masculino "**der**". Der Realismus, der Liebling, der Motor.
3. Las palabras con terminación "**e**", "**ie**", "**ik**", "**in**", "**tät**", "**ur**" tienen el artículo femenino "**die**". Die Blume (la flor), die Chemie (la química), ie Physik (la física), die Lehrerin (la profesora), die Universität (la universidad), die Kultur (la cultura).

4. Las palabras con terminación "**ei**", "**heit**", "**ion**", "**keit**", "**schaft**", "**ung**", tienen siempre el artículo femenino "**die**", y para formar plural se le agrega "**en**". Die Bäckerei (la panadería), die Helligkeit (la claridad), die Krankheit (la enfermedad), die Lektion (la lección), die Gesellschaft (la sociedad), die Übung (la práctica).

5. Las "**palabras internacionales**" tienen el artículo neutro "**das**". Das Hotel (el hotel), das System (el sistema).

6. Las palabras con terminación "**chen**", "**ein**", "**o**", y "**um**", así como los diminutivos "**in**", tienen el artículo neutro "**das**". Das Auto (el auto), das Brötchen (el pancito), das Praktikum (la práctica).

7. En el caso de la formación del plural "**die**", se debe tener en cuenta que el 90% de las palabras que terminan en "**er**" y en "**en**" solo cambia el artículo, mas no la forma de la palabra. Der Lehrer (el profesor), die Lehrer (los profesores).

La Primera Tabla Preposiciones usadas con acusativo o dativo del Anexo 9 nos presenta las preposiciones que declinan los pronombres personales, artículos determinados, artículos indeterminados, pronombres posesivos, etc., tanto en acusativo como en dativo; eso dependerá de:

Si existe la idea de movimiento en la construcción de la oración, lo cual se da con el uso de verbos que en castellano se denominan "**verbos transitivos**", entonces se declinará en "**acusativo**". Para ello se realiza la pregunta ¿a dónde? "**wohin**".

Si existe la idea de lugar, de algo estacionario en la construcción de la oración, lo cual se da con el uso de verbos que en castellano se denominan "**verbos intransitivos**", entonces se declinará en "**dativo**". Para ello se realiza la pregunta ¿en dónde?, "**wo**".

Ver Tabla Declinación artículos determinados del Anexo 8 - Cruce de columnas de Akkusativ y Feminin.

> Sie *gehen* in die Bäckerei. (Movimiento, declinación en acusativo).
>
> Usted va a la panadería.

Ver Tabla Declinación artículos determinados del Anexo 8 - Cruce de columnas de Dativ y Feminin.

> Sie *sind* in der Bäckerei. (Estacionario, declinación en dativo).
>
> Usted está en la panadería.

Ver Tabla Declinación artículos determinados del Anexo 8 - Cruce de columnas de Akkusativ y Maskulin.

> Mein Bruder *geht* an den Turm. (Movimiento, declinación en acusativo).
>
> Mi hermano va a la torre.

Ver Tabla Declinación artículos determinados del Anexo 8 - Cruce de columnas de Dativ y Maskulin.

> Mein Bruder *ist* an dem (am) Turm. (Estacionario, declinación en dativo).
>
> Mi hermano está en la torre.

Ver Tabla Declinación artículos determinados del Anexo 8 - Cruce de columnas de Akkusativ y Maskulin.

> Du *gehst* auf den Bahnhof um deine Freundin *abholen* zu können. (Movimiento, declinación en acusativo).
>
> Tú vas a la estación de tren para poder recoger a tu amiga.

41

Ver Tabla Declinación artículos determinados del Anexo 8 - Cruce de columnas de Dativ y Maskulin.

>Du *bist* au̲f̲ de̲m̲ **B**ahnhof u̲m̲ dein̲e̲ **F**reundin *abholen* z̲u̲ *können*. (Estacionario, declinación en dativo).

>Tú estás en la estación de tren para poder recoger a tu amiga.

Ver Tabla Declinación artículos determinados del Anexo 8 - Cruce de columnas de Akkusativ y Maskulin.

>Wir *fahren* mi̲t̲ unsere̲m̲ **A**uto hinter de̲n̲ **P**ark. (Movimiento, declinación en acusativo).

>Nosotros manejamos nuestro auto detrás del parque.

Ver Tabla Declinación artículos determinados del Anexo 8- Cruce de columnas de Akkusativ y Maskulin.

>Unser **A**uto *ist* hinter de̲m̲ **P**ark *geparkt*. (Estacionario, declinación en dativo).

>Nuestro auto está estacionado detrás del parque.

En este punto es importante explicar la forma correspondiente para indicar la ubicación de un objeto.

>Entschuldigung, wie *komme* ich zu̲m̲ **M**arriot **H**otel?

>Disculpe, ¿cómo puedo llegar al hotel Marriot?

>*Gehen* Sie geradeaus bis (zu der) (zur) **M**olina **S**traße, da links bis (zu der) (zur) **A**gnesstraße, dann *gehen* Sie rechts bis (zu dem) (zum) **B**lumengeschäft, da ist links das **H**otel.

>Vaya usted de frente hasta la calle Molina, allí gire a la izquierda hasta la calle Agne, allí vaya usted a la derecha hasta la florería, allí a la izquierda está el hotel.

Nótese que las preposiciones utilizadas para dar información de lugar obligan a que los pronombres personales, artículos determinados, artículos indeterminados, pronombres posesivos, etc., sean conjugados en dativo. Para los siguientes ejemplos ir a la Tabla Preposiciones del Anexo 9, así como a la Tabla de Artículos determinados e indeterminados - Declinaciones del Anexo 8.

Das Hotel *ist* neben dem Blumengeschäft. (das Blumengeschäft).

El hotel está al lado de la florería.

Das Hotel *ist* zwischen dem Blumengeschäft und der Bäckerei. (die Bäckerei).

El hotel está entre la florería y la panadería.

Das Hotel *ist* hinter dem Blumengeschäft. (das Blumengeschäft).

El hotel está detrás de la florería.

Das Hotel *ist* vor der Bäckerei. (die Bäckerei).

El hotel está delante de la panadería.

En este punto es importante mencionar el uso de las siguientes preposiciones:

Am: Se usa para indicar días de la semana, fechas y horarios.

Am Montag *fahren* wir nach Amsterdam.

El lunes vamos a Ámsterdam.

Im: Se usa para indicar los meses y las estaciones del año.

Im Sommer *haben* Schüler Ferien.

En verano los colegiales tienen vacaciones.

Um: Se usa para indicar una hora exacta.

Um drei Uhr *beginnt* der Unterricht.

A las tres comienza la clase.

Gegen: Se usa para indicar una hora no exacta.

Gegen drei Uhr *beginnt* der Unterricht.

A las tres aproximadamente comienza la clase.

La Segunda Tabla Preposiciones usadas con acusativo del Anexo 9 nos presenta las preposiciones que declinan los pronombres personales, artículos determinados, artículos indeterminados, pronombres posesivos, etc., únicamente en acusativo. Por ello, a continuación se desarrollará una serie de ejemplos para comprender mejor y más rápido el uso de esas preposiciones y sus respectivas declinaciones.

Sie *braucht* Medizin gegen das Fieber. (das Fieber).

Ella necesita medicina contra la fiebre.

Ich *will* ohne meinen Freund in die Disko *gehen*. (der Freund) (die Disko).

Yo quiero ir a la discoteca sin mi amigo.

Ich *habe* dies__es__ **A**uto f__ür__ mein__en__ **V**ater *gekauft*. (das Auto) (der Vater).

Yo he comprado ese auto para mi padre.

La Tercera Tabla Preposiciones usadas con dativo del Anexo 9 nos presenta las preposiciones que declinan los pronombres personales, artículos determinados, artículos indeterminados, pronombres posesivos, etc., únicamente en dativo. Por ello, a continuación se desarrollará una serie de ejemplos para comprender mejor y más rápido el uso de esas preposiciones y sus respectivas declinaciones.

Du *kommst* immer spät z__u__ d__er (zur)__ **A**rbeit. (die Arbeit).

Tú vienes siempre tarde al trabajo.

Seit 1996 *diene* ich b__ei__ d__er__ **M**arine. (die Marine).

Desde 1996 yo sirvo en la Marina.

Alle *wollen* m__it__ dein__er__ **S**chwester *tanzen*. (die Schwester).

Todos quieren bailar con tu hermana.

Dieses **S**pielzeug *ist* v__on__ dein__em__ **S**ohn. (der Sohn).

Ese juguete es de tu hijo.

Para ciertas preposiciones existen ciertas contracciones, como las mencionadas a continuación:
Beim: Bei dem:

B__ei dem__ **A**rzt *war* ich gestern früh.   B__eim__ **A**rzt *war* ich gestern früh.

Ayer temprano estuve con el médico.

Vom: Von dem:

Wir *gehen* von dem Schiff.   Wir *gehen* vom Schiff.

Nosotros salimos del buque.

Zum: Zu dem:

Der Tisch *gehört* zu dem Haus.   Der Tisch *gehört* zum Haus.

La mesa es de la casa.

Zur: Zu der.

Du *gehst* montags zu der Arbeit.   Du *gehst* montags zur Arbeit.

Tú vas al trabajo los lunes.

Am: An dem:

An dem Wochenende *besucht* er sie.   Am Wochenende *besucht* er sie.

El fin de semana él la visita.

Ans: An das:

Ich *gehe* jeden Dienstag an das Meer.   Ich *gehe* jeden Dienstag ans Meer.

Yo voy al mar todos los martes.

Im: In dem:

Sie *wohnen* in dem Haus von ihren Eltern. Sie *wohnen* im Haus von ihren Eltern.

Usted vive en la casa de sus padres.

Ins: In das:

Wir *gehen* um neun Uhr in das Bett.   Wir *gehen* um neun Uhr ins Bett.

Nosotros vamos a la cama a las nueve de la noche.

Por costumbre alemana se puede utilizar indistintamente las siguientes preposiciones:
Auf dem Bahnhof / In dem Bahnhof:
Ich *bin* auf dem Bahnhof / in dem Bahnhof.

Yo estoy en la estación de tren.

Auf der Bank / In der Bank:

Du *bist* auf der Bank / in der Bank.

Tú estás en el banco.

Auf dem Rathaus / In dem Rathaus:

Wir *sind* auf dem Rathaus / in dem Rathaus.

Nosotros estamos en la municipalidad.

Auf der Post / In der Post:

Sie *sind* auf der Post / in der Post.

Ustedes están en el correo postal.

Las preposiciones son muy importantes también para indicar un momento determinado con respecto al tiempo "**Zeitpunkt**" o un periodo de tiempo determinado "**Zeitdauer**". A continuación se explicarán con ejemplos el uso de las preposiciones requeridas en estos casos.

Los siguientes ejemplos están relacionados con un momento determinado de tiempo **Zeitpunkt**".

<u>V</u>o<u>r</u> drei **J**ahren *habe* ich mein **S**tudium *beendet*.

Hace tres años he terminado mis estudios.

<u>V</u>o<u>r</u> mein<u>em</u> **S**tudium *habe* ich ein **J**ahr *gearbeitet*.

Antes de mis estudios he trabajado un año.

Er *kommt* <u>zwischen</u> 9 und 10 **U**hr.

Él viene entre las 9 y 10 horas.

<u>In</u> drei **J**ahren *beendest* du dein **S**tudium.

En tres años terminas tus estudios.

<u>Nach</u> d<u>em</u> **S**tudium *haben* wir ein<u>e</u> **W**eltreise *gemacht*.

Después del estudio hemos hecho un viaje por el mundo.

Sie *haben* <u>bis</u> vorgestern <u>in</u> dies<u>em</u> **U**nternehmen *gearbeitet*.

Ellos han trabajado hasta ayer en esta empresa.

Wir *werden* <u>bis</u> 2014 <u>in</u> ein<u>em</u> **K**onzern *arbeiten*.

Nosotros trabajaremos hasta el 2014 en un consorcio.

Los siguientes ejemplos están relacionados con un periodo determinado "**Zeitdauer**".

Ich *habe* **Z**eit <u>von</u> 10 <u>bis</u> 12 **U**hr.

Yo tengo tiempo de 10 a 12 del día.

Sie *haben* Zeit bis 12 Uhr.

Usted tiene tiempo hasta las 12 del día.

Sie *arbeitet* seit drei Jahren in dieser Firma.

Ella trabaja desde hace tres años en esta empresa.

Hay algunas preposiciones compuestas que son muy utilizadas como "**Ohne Zu - Sin**" o "**Anstatt Zu - En vez de**", estas preposiciones no las presentamos en la Lista de preposiciones del Anexo 9 porque no tienen una relación directa con el objeto directo, sino con la acción del verbo, y por ello deben ubicarse antes del segundo verbo, o sea antes del verbo que va al final de la oración, que debe ir en su forma infinitiva.

Wir *sollen* die Prüfung *machen*, ohne zu *diskutieren*.

Nosotros debemos de dar el examen sin discutir.

Sie *hat* den Mann *geheiratet*, ohne ihn zu *kennen*.

Ella se ha casado con el hombre sin conocerlo.

Wir *fahren* den Panzer, ohne eine Ausbildung dafür zu *haben*.

Nosotros manejamos el tanque, sin tener un estudio para eso.

Ich *bleibe* lieber zu Hause, anstatt mit dir ins Kino zu *gehen*.

Prefiero quedarme en casa, en vez de ir al cine contigo.

Ihr *wollet arbeiten gehen*, anstatt mehr **Z**eit an d**er Universität** zu *verbringen*.

Ellos quieren ir a trabajar, en vez de pasar más tiempo en la universidad.

9. Las conjunciones

La conjunción es una parte invariable de la lengua que se utiliza para enlazar oraciones y establecer relaciones de jerarquía entre ellas. La conjunción solo tiene significado gramatical y no posee significado léxico.

Es importante indicar que existen conjunciones que ocupan "**posición cero**", "**posición uno**", o que "**obligan a que el verbo se desplace al final de la oración**". Este es un punto muy particular en el idioma alemán. La lista de conjunciones más utilizadas está detallada en la Tabla Conjunciones del Anexo 10.

Ver Tabla Conjunciones que ocupan posición cero del Anexo 10.

[Du - *hast* - kein Handy], [aber - du - *wirst* - ein neues Handy - *haben*].

1 - 2 - 3   0 - 1 - 2 - 3 - 4

[Tú no tienes teléfono celular], [pero tú tendrás un teléfono celular nuevo].

Como vemos, la conjunción usada "**aber-pero**" que ocupa la posición cero, no desplaza al pronombre personal "du-tú"; de lo contrario, tendría que estar ubicado el pronombre personal en la tercera posición, o sea después del verbo, ya que, como se explicó anteriormente, el verbo siempre debe ir en la segunda posición.

Asimismo, es importante recalcar que en las oraciones mostradas como ejemplo se han separado entre corchetes con la finalidad de visualizar mejor la función de la conjunción, así como su respectiva posición dentro de la oración.

Ver Tabla Conjunciones que ocupan posición uno del Anexo 10.

[Du - *hast* - <u>kein</u> Handy], [<u>jedoch</u> - *wirst* - du - ein neu<u>es</u> Handy - *haben*].
 1 - 2 -   3   1 - 2 - 3   - 4   -   5

[Tú no tienes teléfono celular], [sin embargo tú tendrás un teléfono celular nuevo].

Como vemos, la conjunción usada "**jedoch-sin embargo**", que ocupa la posición uno, sí desplaza al pronombre personal "du-tú" a la tercera posición, o sea después del verbo, ya que, como se explicó anteriormente, el verbo siempre debe ir en la segunda posición.

Ver Tabla Conjunciones que desplazan el verbo al final de la oración del Anexo 10.

[Ich - *wusste* - nicht], [<u>dass</u> - du - ein neu<u>es</u> Handy – *haben* - *wirst*].
 1 - 2 - 3   1 - 2 -   3   -   4   -   5

[No sabía], [que tú tendrás un teléfono celular nuevo].

Como vemos, la conjunción usada "**dass-que**", que ocupa la posición uno, desplaza al verbo auxiliar para formar el futuro "**wirst**", que debería estar en la segunda posición al final de la oración. Nótese también que en la segunda posición debe estar ubicado el pronombre personal que realiza la acción o de quien se habla. Es importante aclarar también que dentro de la oración puede haber más componentes. En todos los casos el verbo siempre va al final cuando se usan este tipo de conjunciones.

Una de las conjunciones más utilizadas es "**obwohl-a pesar de**". Esta conjunción puede estar ubicada al inicio de la primera oración, o al inicio de la segunda oración, vale decir al medio de dos oraciones.

<u>Obwohl</u> ich müde *bin, lerne* ich **D**eutsch.

A pesar de estar cansado, aprendo alemán.

Ich *lerne* **D**eutsch, <u>obwohl</u> ich müde *bin*.

Yo aprendo alemán, a pesar de estar cansado.

Es conveniente mencionar en este punto, que el adverbio "**trotzdem-sin embargo**", es usado para dar la misma idea que en los ejemplos anteriores; la diferencia es únicamente gramatical, mas no de contexto. Este adverbio debe estar ubicado siempre en la oración principal y en el medio.

Ich *bin* müde, <u>trotzdem</u> *lerne* ich **D**eutsch.

Yo estoy cansado, sin embargo aprendo alemán.

10. Los adverbios

El adverbio es un tipo de palabra invariable que actúa como núcleo complementado al verbo, un adjetivo o incluso otro adverbio.

Es importante indicar que existen adverbios que ocupan "**posición cero**" o "**posición uno**". Este es un punto muy particular en el idioma alemán, al igual que el caso de las conjunciones. La lista de adverbios más utilizados en el idioma alemán está detallada en la Tabla Adverbios del Anexo 11.

Ver Tabla Adverbios que ocupan posición cero del Anexo 11.

[Du - *warst* - nicht da, [auch – deine Mutter - *war* – nicht da].

1 - 2 - 3   0 - 1 - 2 - 3

[Tú no estuviste ahí], [tampoco estuvo ahí tu mamá].

Como vemos, el adverbio usado "**auch nicht -tampoco**" / "**auch-también**", que ocupa la posición cero, no desplaza al pronombre personal "ich-yo"; de lo contrario, tendría que estar ubicado el pronombre personal en la tercera posición, o sea después del verbo, ya que el verbo siempre debe ir en la segunda posición.

Ver Tabla Adverbios que ocupan posición uno del Anexo 11.

[Du - *hast* - kein<u>e</u> **Z**eit], [<u>deswegen</u> - *kannst* -
1 - 2 - 3   1 - 2 -
du – nicht <u>mit</u> <u>uns</u> - <u>ins</u> **K**ino - *gehen*].
3 - 4 - 5 - 6
[Tú no tienes tiempo], [por eso tú no puedes ir al cine con nosotros].

Como vemos, el adverbio usado "**deswegen-por eso**", que ocupa la posición uno, si desplaza al pronombre personal "du-tú" a la tercera posición, o sea después del verbo, ya que el verbo siempre debe ir en la segunda posición. En este caso, hablamos del verbo modal "Können-Poder", el cual requiere de otro verbo para completar la idea de la oración, verbo que se ubica en la última posición.

Adicionalmente presentaré los adverbios temporales más usados, así como su frecuencia de repetición:

1. Nie:	Nunca	0%
2. Selten:	Rara vez	20% (aproximadamente)
3. Manchmal	De vez en cuando	40% (aproximadamente)
4. Oft	Normalmente	60% (aproximadamente)
5. Meistens	Casi siempre	80% (aproximadamente)
6. Immer	Siempre	100%

Se pueden formar adverbios con el uso de sufijo "s" en algunos sustantivos que indican temporalidad. Por ejemplo, la palabra "Morgen-Mañana" puede convertirse en adverbio

"Morgens", que significa "por las mañanas" o "Mittag-Medio día" puede convertirse en adverbio "Mittags", que significa "los medio días"

Morgens *trinke* ich ei<u>n</u>en **K**affee.

Por las mañanas tomo café.

11. Los adjetivos

El adjetivo es una parte de la oración o clase de palabra que complementa a un sustantivo o nombre para calificarlo, y expresa características o propiedades atribuidas a un sustantivo ya sean concretas o abstractas.

En este punto quisiera recalcar que, debido al estudio detallado y revisión tanto de libros como del diccionario alemán, pude observar que hay muchos adjetivos que tienen una escritura y significado similar al castellano. Es por eso que considero conveniente y de mucha ayuda presentar la Tabla de Adjetivos similares al idioma castellano del Anexo 12, tabla que contiene más de 650 adjetivos, los cuales podrán ser aprendidos rápidamente.

Sie *ist* eine aggressive Person.

Ella es una persona agresiva.

Dein **Freund** *ist* sehr apathisch.

Tu amigo es muy apático.

Es gibt Personen, die sehr dominant *sind*.

Hay personas que son muy dominantes.

El Partizip I es utilizado para indicar dos acciones que se realizan en el mismo momento. Para eso se requiere agregar la letra "d" al verbo que va en infinitivo. El verbo que va en la segunda posición es el que expresa mayor énfasis.

Ich *höre lernen*d **M**usik.

Escucho música mientras aprendo.

Ich *spreche essen*d.

Yo hablo mientras como.

En otras palabras, es una forma corta de expresar ambas acciones, de lo contrario tendríamos que usar preposiciones o conjunciones como las siguientes:

Während des Essens *spreche* ich (Während como preposición).

Durante la comida yo hablo.

Während ich etwas *esse*, *spreche* ich (Während como conjunción).

Mientras yo como algo, hablo.

El Partizip II es usado sobre todo en los tiempos gramaticales de pasado perfecto y pasado pluscuamperfecto.

Wir *haben* die **H**ausaufgaben *gemacht* (gemacht-Partizip II) (Pasado Perfecto).

Nosotros hemos hecho la tarea.

Wir *hatten* die **H**ausaufgaben *gemacht* (gemacht-Partizip II) (Pasado Pluscuamperfecto).

Nosotros habíamos hecho la tarea.

También se pueden formar adjetivos utilizando la estructura tanto del Partizip I y Partizip II, a continuación explicaré lo mencionado anteriormente:

1. **Partizip I:** Se le agrega la letra "**d**" al verbo en su forma infinitiva, con lo cual se lo transforma en adjetivo. Esta forma se usa con ideas activas.

2. **Partizip II:** Se utiliza la forma del participio del verbo, que se convierte así automáticamente en un adjetivo. Esta forma se usa normalmente con ideas pasivas.

Ejemplos con adjetivos formados con Partizip I:

Der lernende Student (Verbo lernen - aprender).

El estudiante que aprende.

Die steigenden Preise (Verbo steigen - subir).

Los precios que suben.

Der abfahrende Zug (Verbo abfahren - partir).

El tren que parte.

Ejemplos con adjetivos formados con Partizip II:

Der festgehaltene Kapitän (Verbo festhalten - detener).

El capitán detenido.

Die gefolterten Soldaten (Verbo foltern - torturar).

Los soldados torturados.

Die gelesenen Bücher (Verbo lesen - leer).

Los libros leídos.

Con ambas formas de construir los adjetivos; vale decir con el Partizip I o el Partizip II, se puede extender la información relacionada al sustantivo, que es calificado por el adjetivo utilizado. Véase el siguiente ejemplo:

Der zunehmen*de* Autoverkehr (Sólo está el sustantivo calificado).

La creciente congestión de autos (Congestión).

Der [stark] zunehmen*de* Autoverkehr (Información adicional al sustantivo calificado).

La fuerte creciente congestión de autos

Der [in zahlreichen Städten stark] zunehmen*de* Autoverkehr (Información adicional al sustantivo calificado).

La fuerte creciente congestión de autos en muchas ciudades.

Der [in zahlreichen Städten seit vielen Jahren stark] zunehmen*de* Autoverkehr (Información adicional al sustantivo calificado).

La fuerte creciente congestión de autos desde hace muchos años en muchas ciudades.

Los ejemplos anteriores son importantes porque muestran claramente que toda esa información le corresponde al sustantivo y adjetivo utilizados, y ocupa una sola posición, ya sea la primera o tercera posición, como veremos en el siguiente ejemplo.

Der [in zahlreichen Städten seit vielen Jahren stark]
                           1
zunehmen*de* Autoverkehr *ist* ein groß*es* Problem
                    2   3
<u>für</u> di*e* **R**egierung.
    4

La fuerte creciente congestión de autos desde hace muchos años en muchas ciudades es un gran problema para el gobierno.

<u>Für</u> di*e* **R**egierung *ist* der [in zahlreichen Städten seit vielen
   1   2   3
Jahren stark] zunehmen*de* **A**utoverkehr ein groß*es* **P**roblem.
                                                        4

Para el gobierno es la fuerte creciente congestión de autos desde hace muchos años en muchas ciudades un gran problema.

12. Declinación y N-Declinación

La declinación es uno de los temas más importantes en el idioma alemán, para ello explicaré con una serie de ejemplos la manera correcta de declinar sobre todo los adjetivos que son muy utilizados en el idioma. Para ello, contaré con diferentes tablas tanto de artículos determinados como indeterminados, los cuales están presentados tanto en nominativo como acusativo, dativo y genitivo en el Anexo 8, Artículos determinados e indeterminados.

Cuando se usan "**artículos determinados**":

d<u>er</u> Mann	d<u>ie</u> Frau	d<u>as</u> Auto	d<u>ie</u> Frauen
el hombre	la mujer	el auto	las mujeres

Cuando se usan "**artículos indeterminados**":

ein Mann	eine Frau	ein Auto
un hombre	una mujer	un auto

Cuando se usan "**adjetivos con artículos determinados**", el adjetivo lleva siempre una "**e**" al final en el caso de los artículos "der, die y das", pero en el caso del plural "die", debe llevar una "**en**".

d<u>er</u> schön<u>e</u> Mann   d<u>ie</u> schön<u>e</u> Frau   d<u>as</u> schön<u>e</u> Auto   d<u>ie</u> schön<u>en</u> Frauen

el hombre bonito   la mujer bonita   el auto bonito   las mujeres bonitas

Cuando se usan "**adjetivos con artículos indeterminados**", el adjetivo lleva la terminación del artículo determinado correspondiente al objeto, vale decir, lleva una "**er**", "**e**", "**es**" cuando es masculino, femenino y neutro respectivamente.

ein schön<u>er</u> Mann   eine schön<u>e</u> Frau   ein schön<u>es</u> Auto

un hombre bonito   una mujer bonita   un auto bonito

Cuando se usan "**adjetivos sin ningún tipo de artículos**", el adjetivo lleva la terminación del artículo determinado correspondiente al objeto; vale decir, lleva una "**er**", "**e**", "**es**" cuando es masculino, femenino y neutro respectivamente.

schön<u>er</u> Mann   schön<u>e</u> Frau   schön<u>es</u> Auto   schön<u>e</u> Frauen

hombre bonito   mujer bonita   auto bonito   mujeres bonitas

Cuando se usan "**artículos determinados con preposiciones que declinan en acusativo**", el artículo determinado se declina en acusativo, y debe por ello llevar la terminación "**en**", "**ie**", "**as**", y el adjetivo, la terminación "**n**", "**e**", "**e**", "**n**" para el caso de masculino, femenino, neutro y plural, respectivamente.

Wir *sprechen* <u>über</u> d<u>en</u> schön<u>en</u> Mann (Artículo determinado masculino).

Nosotros hablamos sobre el hombre bonito.

Wir *sprechen* über die schöne Frau (Artículo determinado femenino).

Nosotros hablamos sobre la mujer bonita.

Wir *sprechen* über das schöne Auto (Artículo determinado neutro).

Nosotros hablamos sobre el auto bonito.

Wir *sprechen* über die schönen Frauen (Artículo determinado femenino plural).

Nosotros hablamos sobre las mujeres bonitas.

Cuando se usan "**artículos indeterminados con preposiciones que declinan en acusativo**", el artículo indeterminado se declina en acusativo, y debe por ello llevar la terminación "**en**", "**e**", "**-**", y el adjetivo, la terminación "**n**", "**e**", "**es**" para el caso de masculino, femenino y neutro respectivamente.

Wir *sprechen* über einen schönen Mann (Artículo indeterminado masculino).

Nosotros hablamos sobre un hombre bonito.

Wir *sprechen* über eine schöne Frau (Artículo indeterminado femenino).

Nosotros hablamos sobre una mujer bonita.

Wir *sprechen* über ein schönes Auto (Artículo indeterminado neutro).

Nosotros hablamos sobre un auto bonito.

Cuando se usan "**artículos determinados con preposiciones que declinan en dativo**", el artículo determinado se declina en dativo, y debe por ello llevar la terminación "**em**", "**er**", "**em**", "**en**", y el adjetivo, la terminación "**en**" tanto para el caso de masculino, femenino, neutro y plural respectivamente.

Wir *sprechen* mit dem schönen Mann (Artículo determinado masculino).

Nosotros hablamos con el hombre bonito.

Wir *sprechen* mit der schönen Frau (Artículo determinado femenino).

Nosotros hablamos con la mujer bonita.

Wir *reisen* mit dem schönen Auto (Artículo determinado neutro).

Nosotros viajamos con el auto bonito.

Wir *sprechen* mit den schönen Frauen (Artículo determinado femenino plural).

Nosotros hablamos con las mujeres bonitas.

Cuando se usan "**artículos indeterminados con preposiciones que declinan en dativo**", el artículo determinado se declina en dativo, y debe por ello llevar la terminación "**em**", "**er**", "**em**", y el adjetivo, la terminación "**en**" tanto para el caso de masculino, femenino, neutro y plural respectivamente.

Wir *sprechen* mit einem schönen Mann (Artículo indeterminado masculino).

Nosotros hablamos con un hombre bonito.

Wir *sprechen* mit einer schönen Frau (Artículo indeterminado femenino).

Nosotros hablamos con una mujer bonita.

Wir *reisen* mit einem schönen Auto (Artículo indeterminado neutro).

Nosotros viajamos con un auto bonito.

La "**N-Declinación**" es un tipo especial de declinación que se aplica solo con los sustantivos masculinos y en los siguientes casos:
1. **Sustantivos terminados en "e"**: der Affe, der Deutsche, der Hase, der Junge, der Kollege, der Komplize, der Kunde, der Pate, der Sklave, der Zeuge.
2. **Profesiones:** der Architekt, der Diplomat, der Fotograf, der Journalist, der Monarch, der Philosoph, der Repräsentant, der Soldat, etc.
3. **Sustantivos terminados en "and, ant, ent, ist, oge, at"**: der Doktorand, der Demonstrant, der Präsident, der Kommunist, der Biologe, der Demokrat.

El cuadro correspondiente a la forma de declinar los sustantivos masculinos se encuentra en la Tabla N-Declinación del Anexo 8.

Esta es una estructura obligatoria al momento de declinar los sustantivos, por lo que se deben tener en cuenta las reglas antes indicadas para entender mejor su uso. Pasaré a explicarlo mejor con ejemplos, comparándolos con sustantivos que no sean masculinos (que no cumplen con las reglas anteriores), los cuales no llevan la declinación "n".

Ich *gebe* mein<u>er</u> **M**utter ein<u>e</u> schön<u>e</u> **B**lume (die Mutter-femenino, no hay declinación).

Yo le doy a mi madre una linda flor.

Ich *gebe* mein<u>em</u> **K**olleg<u>en</u> ein <u>G</u>esche<u>nk</u> (der Kollege-masculino, hay declinación).

Yo le doy a mi colega un regalo.

Der **P**räsident *ruft* de<u>n</u> **D**iplomat<u>en</u> *an* (der Diplomat-masculino, hay declinación).

El presidente llama al dimplomático.

Der **D**iplomat *spricht* <u>mit</u> de<u>m</u> **P**räsident<u>en</u> (der Präsident-masculino, hay declinación).

El diplomático habla con el presidente.

13. La negación

En alemán se utiliza el "Nicht" para negar acciones, mientras que el "Kein" se usa para negar sustantivos. La forma de negar una acción o un objeto no es usada correctamente por muchas personas que estudian o han estudiado el idioma alemán, lo cual naturalmente debe corregirse. Es común escuchar las siguientes expresiones:

> Ich *habe* nicht ein **A**uto (Oración incorrecta ya que el objeto se niega con kein).

> Ich *habe* kein **A**uto (Oración correcta).

Es importante recalcar que en el idioma alemán no se debe usar la doble negación como ocurre en el castellano, de lo contrario estaríamos afirmando algo.

> Yo *no* hice *ninguna* tarea (Doble negación, oración correcta en castellano).

> Ich *habe* keine **H**ausaufgabe nicht *gemacht* (Doble negación, oración incorrecta en alemán).

La forma correcta de negar algo se da de la siguiente forma:

> Ich *habe* keine **H**ausaufgabe *gemacht* (Una sola negación, oración correcta).

> Ich *habe* die **H**ausaufgabe nicht *gemacht* (Una sola negación, oración correcta).

Es importante diferenciar el uso del "**Kein**" o del "**Nicht**" para negar algo.

Al decir "ich *habe* kein<u>e</u> **H**ausaufgabe *gemacht*", estamos indicando que no hicimos ninguna tarea, la idea es entonces que, de varias tareas existentes, no se hizo ninguna de ellas.

Al decir en cambio "ich *habe* d<u>ie</u> **H**ausaufgabe nicht *gemacht*", estamos indicando que no se hizo una tarea específica.

En alemán, al igual que en el castellano, al decir "die Hausaufgabe - la tarea" estamos usando artículos determinados; es decir, se sabe exactamente de qué tarea estamos hablando; en cambio, al decir "keine **H**ausaufgabe - ninguna tarea", estamos usando la forma de negación de artículos indeterminados, es decir, no se sabe exactamente de qué se está hablando.

En el caso de la negación de acciones con el "nicht", se debe tener muy presente que la posición de la negación dependerá de diversos factores que se explican a continuación:

Cuando formamos oraciones simples en las que se usa un verbo que obliga a que se decline el objeto directo en acusativo o dativo, la negación "nicht" va al final de la oración.

Ich *mache* mein<u>e</u> **H**ausaufgabe *nicht* (Verbo machen con acusativo – Anexo 7).

Yo no hago mi tarea.

Ich *helfe* d<u>ir</u> *nicht* (Verbo helfen con dativo – Anexo 7)

Yo no te ayudo.

Cuando en la construcción de la oración se usan preposiciones, la negación "**nicht**" va antes de la preposición y, si hay varias preposiciones, dependerá de la idea de la negación; vale decir, de lo que se quiera negar.

Ich *fahre nicht* ohne mein<u>e</u> **F**amilie <u>nach</u> **D**eutschland.

Yo no viajo sin mi familia a Alemania.

Ich *fahre* <u>ohne</u> mein<u>e</u> **F**amilie *nicht* <u>nach</u> **D**eutschland.

Yo viajo sin mi familia pero no a Alemania.

Es por eso que debemos tener mucho cuidado con la posición de la negación respectiva, de lo contrario podemos dar una idea distinta a la deseada.

Cuando en la construcción de la oración se usan dos verbos como en el caso de un verbo modal y un verbo normal, o cuando se usa la forma gramatical del perfecto o pluscuamperfecto, la negación "nicht" va antes del segundo verbo o en todo caso antes de participio.

Du *sollst* dein<u>en</u> **B**ruder *nicht schlagen* (Uso de dos verbos).

Tú no debes golpear a tu hermano.

Ich *habe* d<u>ie</u> **Z**eitung *nicht gelesen* (Uso del perfecto).

Yo no he leído el periódico.

Cuando se usan adjetivos, la negación "**nicht**" debe ir antes.

Das **W**etter *ist* heute *nicht* schön (uso de adjetivo).

El clima no es bonito hoy.

Der **B**aum *ist nicht* hoch (uso de adjetivo).

El árbol no es alto.

14. Formación de oraciones en distintos tiempos gramaticales

A continuación se explicará la formación de oraciones en los diferentes tiempos gramaticales. Únicamente el verbo estará con color rojo para poder enfocarnos claramente en su posición respectiva y en los detalles del uso de los verbos.

Presente/Present:
La forma de conjugar los verbos regulares en presente está explicada en la Tabla Conjugación de Verbos regulares en presente del Anexo 5.

Ich *mache* die Hausaufgabe am Wochenende mit meinem Bruder zu Hause.

Yo *hago* la tarea el fin de semana con mi hermano en casa.

Preterito/Preteritum:
El pretérito es usado en la descripción de novelas, así como la presentación de informes, reportajes, etc.

La forma de conjugar los verbos en pretérito, que es el pasado simple, está explicada en la Tabla Conjugación de verbos regulares en pasado del Anexo 5.

Ich *machte* die Hausaufgabe am Wochenende mit meinem Bruder zu Hause.

Yo *hice* la tarea el fin de semana con mi hermano en casa.

Perfecto/Perfekt:
El perfecto es usado comúnmente en el ámbito privado, cuando se conversa con amigos o familiares. Pero hay excepciones, como cuando se usa el verbo ser-estar "**sein**" o el verbo tener "**haben**", que se usa la forma de pretérito.

Para formar el perfecto, que es una de las formas del pasado, se requiere del verbo auxiliar "**haben**", el cual debe ser conjugado de acuerdo al pronombre personal usado, tal como se muestra en la Tabla Conjugación de verbo auxiliar *haben* en presente del Anexo 5, y debe ir en la segunda posición. La conjugación del verbo principal se denomina "**Participio-Partizip II**" y debe ir al final de la oración.

> Ich *habe* die Hausaufgabe am Wochenende mit meinem Bruder zu Hause *gemacht*.
>
> Yo *he hecho* la tarea el fin de semana con mi hermano en casa.

En el caso de oraciones que indiquen movimiento o cambio de estado, se debe utilizar el verbo "**sein**" como verbo auxiliar de formación del perfecto, que debe ser conjugado de acuerdo con el pronombre personal, tal como se explica en la Tabla Verbo *sein* en presente del Anexo 4, y debe ir en la segunda posición. La conjugación del verbo principal denominado "**Participio-Partizip II**" debe ir al final de la oración.

> Ich *bin* im Jahr 1978 in Peru *geboren*.
>
> Yo *he nacido* el año 1978 en Perú.
>
> Ich *bin* mit dem Auto zu meiner Arbeit *gefahren*.
>
> Yo *he ido* con el auto a mi trabajo.

En el caso de que se usen más de dos verbos en la formación de esta estructura, los verbos plenos, o sea los que dan la idea principal de la oración, deben ir en su forma de infinitivo, y no se debe usar en ningún caso la forma de participio "Partizip II", que sí se usa al emplear un solo verbo, como en los ejemplos anteriores. Esta regla se usa también en el caso del pluscuamperfecto.

Ich *habe* ihn im **S**chlafzimmer *gehört* (Pasado Perfecto con un verbo).

Yo lo he escuchado en el dormitorio.

Ich *habe* ihn ins **S**chlafzimmer *kommen hören* (Pasado Perfecto con varios verbos).

Yo lo he escuchado venir al dormitorio.

Ich *habe* ihn ins **S**chlafzimmer *kommen hören können* (Pasado Perfecto con varios verbos).

Yo lo he podido escuchar venir al dormitorio.

En el pasado perfecto o pluscuamperfecto siempre va el verbo modal al final de la oración.

Es importante también mencionar en este punto que cuando se usa una conjunción, como ya se vio en el punto 9, se debe tener en cuenta una excepción en la ubicación del verbo auxiliar "haben", en perfecto, o "hatten", en pluscuamperfecto, cuando se usan más de dos verbos. En estos casos el verbo no se desplaza al final, como ocurre en las oraciones en presente o futuro, sino que el verbo se desplaza a la primera ubicación del final de la oración (todos los verbos van al final, con el verbo auxiliar en primera posición).

Para entender bien este punto utilizaré los mismos ejemplos del párrafo anterior para su fácil comprensión.

Wusstest du nicht, dass ich ihn im **S**chlafzimmer *gehört habe* (Pasado Perfecto con un verbo, el verbo auxiliar va al final).

No sabías que yo lo he escuchado en el dormitorio.

Wusstest du nicht, dass ich ihn ins **S**chlafzimmer *habe kommen hören* (Pasado Perfecto con varios verbos, el verbo auxiliar va al inicio).

No sabías que yo lo he escuchado venir al dormitorio.

Wusstest du nicht, dass ich ihn ins **S**chlafzimmer *habe kommen hören können* (Pasado Perfecto con varios verbos, el verbo auxiliar va al inicio).

No sabías que yo lo he podido escuchar venir al dormitorio.

Pluscuamperfecto/Plusquamperfekt:
Para formar el pluscuamperfecto, que es otra forma del pasado, se requiere del verbo auxiliar "haben" pero en pretérito "**hatten**", el cual debe ser conjugado de acuerdo con el pronombre personal usado, tal como se muestra en la Tabla Conjugación de verbo auxiliar *haben* en pasado del Anexo 5, y debe ir en la segunda posición. La conjugación del verbo principal se denomina "**Participio-Partizip II**" y debe ir al final de la oración.

Ich *hatte* die Hausaufgabe am Wochenende mit meinem Bruder zu Hause *gemacht*.

Yo *había hecho* la tarea el fin de semana con mi hermano en casa.

En el caso de oraciones que indiquen movimiento o cambio de estado, se debe utilizar el verbo "Sein" pero en pretérito, que es el verbo "**Waren**", como verbo auxiliar de formación del pluscuamperfecto, de acuerdo con lo explicado en la Tabla Verbo *sein* en pasado del Anexo 4, y debe ir en la segunda posición. La conjugación del verbo principal denominado "**Participio-Partizip II**" debe ir al final de la oración.

Ich *war* in Peru im Jahr 1978 *geboren*.

Yo *había nacido* en Perú el año 1978.

Ich *war* mit dem Auto zu meiner Arbeit *gefahren*.

Yo *había ido* con el auto a mi trabajo.

El pluscuamperfecto es muy utilizado cuando se requiere indicar acciones sucesivas, pero que ocurrieron en el pasado. En ese caso se requiere que la primera acción sea redactada en pluscuamperfecto y la acción consecutiva debe ser redactada en perfecto o en todo caso en pretérito. Para ello también se requieren de la conjunción "**Nachdem - después de que**", la cual obliga a que el verbo que debe estar en la segunda posición se desplace al final de la oración.

[Nachdem ich mir gestern die Zähne *geputzt hatte*],
                1   -

bin - ich - ins **B**ett *gegangen* (Perfecto).
2 - 3 -   4   - 5

Después de haberme lavado ayer los dientes, he ido a la cama.

[Nachdem ich mir gestern die Zähne *geputzt hatte*],
   1   -

ging ich ins Bett (Pretérito).
  2 - 3 -   4

Después de haberme lavado ayer los dientes, fui a la cama.

Debe observarse detalladamente que la primera oración que contiene la estructura del pluscuamperfecto es considerada como posición uno, y debe continuarse con el verbo en la segunda parte, ya sea en la forma de perfecto o pretérito, el cual ocupa la ya conocida y famosa segunda posición.

También puede cambiar la posición de las oraciones antes explicadas. En otras palabras, se puede comenzar con la conjunción, o esta puede ubicarse en el medio de ambas oraciones.

Ich *bin* ins Bett *gegangen* (Perfecto), nachdem ich mir die Zähne *geputzt hatte*.

Yo he ido a la cama, después de haberme lavado los dientes.

Ich *ging* ins Bett (Pretérito), nachdem ich mir gestern die Zähne *geputzt hatte*.

Yo fui a la cama, después de haberme lavado los dientes.

La conjunción "**Bevor – Antes de que**" es muy utilizada, la diferencia está en que esta conjunción se usa para expresar dos acciones que se realizaron consecutivamente, pero se debe emplear un solo tiempo gramatical; vale decir, pueden estar en pretérito/perfecto o pluscuamperfecto, pero no se deben mezclar tiempos gramaticales. Es decir que puede usarse perfecto o pretérito simultáneamente, pero de ninguna manera pluscuamperfecto con perfecto o con pretérito.

[Bevor ich ins **B**ett *gegangen bin* (Perfecto)], *habe* ich mir gestern die Zähne *geputzt*.

Antes de haber ido a la cama, me había lavado los dientes.

[Bevor ich ins **B**ett *ging* (Pretérito)], *putzte* ich mir gestern die Zähne.

Antes de que fuera a la cama, me lavé los dientes.

En este caso también se observa que la primera oración que contiene la estructura del perfecto o del pretérito es considerada como posición uno, por lo que debe continuarse con el verbo en la segunda parte y en su forma de perfecto, el cual ocupa la ya conocida segunda posición.

Futuro/Futur:
Para formar el futuro se requiere del verbo auxiliar "**werden**", el cual debe ser conjugado de acuerdo con el pronombre personal usado, tal como se muestra en la Tabla Verbo *sein* en futuro del Anexo 4, y debe ir en la segunda posición. El verbo principal debe ir al final de la oración y en la forma de infinitivo. Se pueden formar dos tipos de futuro:

1. Futuro I: Con el verbo *werden* + verbo de la idea principal. Esta forma no requiere de una fecha límite de ejecución. Otra de las maneras de formar el Futuro I es usando un adverbio temporal que de la idea de futuro lógicamente, sin requerir en ese caso el uso del verbo auxiliar werden.

2. Futuro II: Con el verbo *werden* + verbo de la idea principal en forma de participio + verbo haben/sein dependiendo de la acción del verbo, si es con movimiento o cambio de estado se usa *sein*, de lo contrario se usa *haben*. Esta forma si requiere de una fecha límite de ejecución.

Ejemplos de oraciones en Futuro I:

Ich *fahre* das nächst<u>e</u> **W**ochenende <u>zu</u> mein<u>en</u> **E**ltern (Sin verbo werden).

Yo voy el siguiente fin de semana a la casa de mis padres.

Ich *werde* die Hausaufgabe das nächste Wochenende zu Hause *machen* (Con verbo werden).

Yo *haré* la tarea el próximo fin de semana en casa.

Ejemplos de oraciones en Futuro II:

Wir *werden* <u>in</u> dies<u>em</u> **M**onat neue **J**obs *gefunden haben* (Futuro II).

Nosotros encontraremos este mes nuevos trabajos.

Wir *werden* dieses **J**ahr die best<u>en</u> *gewesen sein* (Futuro II).

Nosotros seremos los mejores este año.

También se puede formar el futuro utilizando un adverbio temporal, sin la necesidad de usar el verbo auxiliar "werden".

Morgen *fahre* ich <u>zu</u> mein<u>en</u> **E**ltern (Sin verbo werden).

Mañana voy a la casa de mis padres.

Wir mach<u>en</u> morgen unser<u>e</u> **A**rbeit (Sin verbo werden).

Mañana hacemos el trabajo.

15. Formación de oraciones principales y oraciones subordinadas

Una "**oración subordinada - Nebensatz**" denominada también "**oración secundaria**", es aquella que depende estructuralmente del núcleo de otra oración llamada "**oración principal - Hauptsatz**". Para formar oraciones principales y oraciones subordinadas se puede usar la conjunción "**als-cuando**", la conjunción "**wenn-cuando**", la conjunción "**weil - porque**" o la conjunción "**da - porque**". Explicaré la formación de este tipo de estructura con algunos ejemplos:

[Als ich 12 Jahre alt war], [bin ich nach London gefahren].

[Cuando tuve 12 años],   [he ido a Londres].

Oración secundaria   Oración principal

En este caso es muy importante mencionar que toda la oración secundaria ocupa la primera posición, es por eso que se continúa con el verbo en la oración principal, ya que el verbo ocupa la segunda posición.

[Ich bin nach London gefahren], [als ich 12 Jahre alt war].

[He ido a Londres],   [cuando tuve 12 años].

Oración principal   Oración secundaria

Nótese que la información más importante recae en la acción de haber ido a Londres, por eso esa oración es la "oración principal".

La conjunción "**als - cuando**" es usada para indicar un hecho que ocurrió en el pasado, una sola vez.

La conjunción "**wenn - cuando**" es usada para indicar un hecho que puede haber ocurrido más de una vez en el pasado, en el presente, o en el futuro. También puede usarse la conjunción "**falls - cuando**", que es igual a la conjunción "wenn".

[Wenn/falls ich zu Hause bin], [spreche ich mit meiner Mutter].

[Cuando estoy en casa], [hablo con mi madre].

Se puede observar en esta oración que hay repetición de la acción, ya que ocurre constantemente; es por eso que debemos usar la conjunción "wenn" o "falls".

[Weil/da ich krank bin], [kann ich heute nicht arbeiten].

Por estar enfermo, no puedo trabajar hoy.

Nótese que la conjunción "weil" es idéntica a la conjunción "da". Se puede usar cualquiera de las dos.

16. Formación de oraciones relativas

Para formar las oraciones relativas debemos conocer la forma y el uso de los pronombres relativos, los cuales se presentan en la Tabla Pronombres relativos del Anexo 8. Los pronombres relativos reemplazan a los sujetos de la primera parte de la oración, y no hace falta repetirlos.

En los siguientes ejemplos se mostrará el uso de los pronombres relativos, los cuales no serán declinados, ya que simplemente indican la repetición del sujeto con una acción o descripción determinada, sin recaer en ellos (sujetos) la acción del verbo de la oración. En otras palabras, se usa la forma del nominativo presentada en la Tabla Pronombres relativos del Anexo 8.

Die Zahl der Bundeswehrsoldaten, die traumatisiert zurückkommen, *sind* sehr jung.

El número de soldados del ejército alemán, que regresaron traumados, son muy jóvenes.

Der Mann, der in Perú *wohnt, heißt* Carlos.

El hombre, el cual vive en Perú, se llama Carlos.

Debemos tener muy en cuenta, que los pronombres relativos deben ser declinados de acuerdo al uso de los verbos y a la idea de la oración. En los siguientes ejemplos se mostrará el uso de los pronombres relativos, los cuales sí serán declinados ya sea en acusativo, dativo o genitivo, ya que en ellos (sujetos) recae la acción del verbo de la oración. En otras palabras, se usa la forma del acusativo, dativo o genitivo presentada en la Tabla Pronombres relativos del Anexo 8.

Der Mann, den sie *heireten will* (Acusativo) (Ver Tabla de Verbos que declinan en acusativo del Anexo 7).

El hombre, con el cual ella se quiere casar.

Die Frau, von der er sich *trennen wird* (Dativo) (Ver Tabla de Pronombres relativos del Anexo 8).

La mujer, de la cual él se separará.

Ich *habe* viele **K**ollegen, mit denen in der **R**egel ich ins **K**ino *gehe* (Dativo) (Ver Tabla de Pronombres relativos del Anexo 8).

Yo tengo muchos colegas, con los cuales normalmente voy al cine.

Er *hat* viele Leute *kennengelernt,* deren **K**inder sehr intelligent *sind* (Genitivo) (Ver Tabla de Pronombres relativos del Anexo 8).

Él ha conocido mucha gente, cuyos hijos son muy inteligentes.

Sie *hat* ein neues Haus *gekauft,* dessen **Z**immer groß *sind* (Genitivo) (Ver Tabla de Pronombres relativos del Anexo 8).

Ella ha comprado una casa nueva, cuyos cuartos son grandes.

También podemos formar oraciones relativas utilizando como por ejemplo adverbios en su forma relativa como en el caso de "Wo-donde", entre otros, tal como se podrá observar en los siguientes ejemplos.

Heute *besuchen* wir München, wo wir drei Tage *verbringen werden.*

Hoy visitamos Múnich, en donde pasaremos tres días.

Du *sollst* nach Cuzco *reisen,* wo du Machupicchu *besuchen kannst.*

Tú debes viajar a Cuzco, en donde puedes visitar Machupicchu.

17. FORMACIÓN DE ORACIONES IRREALES Y CONDICIONALES - KII

La forma irreal y/o condicional en alemán es denominada "Konjunktiv II". Para formar este tipo de oraciones, requerimos conjugar el verbo deseado de la siguiente manera.

Se debe conjugar el verbo pero en su forma de pretérito, debiendo llevar las diéresis en la primera vocal del verbo, tal como se muestra en la Tabla Verbo *sein* en irreal del Anexo 4 o sea en verbo "**Wären**", la Tabla Conjugación de Verbo auxiliar *würden* del Anexo 5, así como la Tabla Conjugación de verbo auxiliar *haben* en irreal del Anexo 5 o sea el verbo "**Hätten**".

Los verbos antes mencionados, junto con los verbos modales en irreal que se presenta en la Tabla Conjugación de Verbos modales en irreal del Anexo 6, son los más utilizados para formar ese tipo de oraciones irreales, que muchas veces se asocian con la idea de deseo e incluso suposición.

Pero en realidad es más complicado tratar de formar oraciones irreales utilizando la conjugación respectiva de cada verbo que empleando el auxiliar "Würden. Nótese que no hay una traducción específica del verbo "Würden", ya que requiere del verbo principal para saber que se quiere decir.

Ejemplos con la idea de deseo:

Wenn ich **Z**eit *hätte*, *mächte* ich mein<u>e</u> Hausaufgabe (Uso del verbo conjugado).

Si yo tuviera tiempo, haría mi tarea.

Wenn ich **Z**eit *hätte*, *würde* ich mei**ne H**ausaufgabe *machen* (Uso del auxiliar würden).

Si yo tuviera tiempo, haría mi tarea.

Ich *möchte* mit Ihnen ei**n**en **T**ermin *vereinbaren* (möchten + verb).

Yo desearía acordar una cita con usted

Ich *würde* gern mit Ihnen ei**n**en **T**ermin *vereinbaren* (würden gern + verb).

Yo desearía acordar una cita con usted

Ich *hätte* gern ei**n**en **T**ermin mit Ihnen (hätten gern).

Yo desearía tener una cita con usted

Nótese que el uso del verbo "Möchten" y "Würden" requiere necesariamente de otro verbo que de la idea principal, en cambio el verbo "Hätten" no requiere de otro verbo cuando la idea de deseo es tener algo.

El verbo "Würden" se puede usar con casi todos los verbos como por ejemplo (würden + machen) significa 'haría', (würden + essen) significa 'comería', mas no se debe combinar el (würden + haben) porque por eso existe el verbo auxiliar "Hätten", que significa 'tendría'.

Wenn ich **R**eich *wäre*, *würde* ich viele**n** armen **L**euten *helfen*.

Si yo fuera rico, ayudaría a mucha gente pobre.

Wenn ich im Lotto *gewinnen würde*, *würde* ich ein<u>e</u> Weltreise *machen*.

Si yo ganara una lotería, haría un viaje por el mundo.

Es importante mencionar que las oraciones irreales/condicionales pueden formarse en distintos tiempos gramaticales.

<u>Wenn</u> ich Informatik *studiert hätte*, *hätte* ich ein Diplom *bekommen* (Resultado pasado).

Si hubiese estudiado informática, hubiera recibido un diploma.

<u>Wenn</u> ich Informatik *studiert hätte*, *würde* ich viel Geld *verdienen* (Resultado presente).

Si hubiese estudiado informática, ganaría mucho dinero.

Es *wäre* besser *gewesen*, <u>wenn</u> du dich *vorbereitet hättest*.

Hubiese sido mejor si tú te hubieras preparado.

Du *hättest* d<u>ie</u> Schokolade nicht *essen dürfen*.

No debiste comer el chocolate.

Ejemplos con la idea de suposición:

Sie *mögen* Recht *haben* (mögen tiene el 30% de probabilidad).

Ellos tendrían razón.

Er *könnte* noch auf d<u>em</u> Sportplatz *sein* (könnten tiene el 50% de probabilidad).

Él podría estar en el campo de deportes.

Das **R**esultat *dürfte* gut *sein* (dürften tiene el 60% de probabilidad).

El resultado debe ser bueno.

Er *müsste* <u>an</u> d<u>er</u> **B**esprechung *teilgenomen haben* (müssten tiene el 80% de probabilidad).

Él debió participar en la discusión.

Das *kann nicht* wahr *sein* (können nicht tiene el 95% de probabilidad).

Eso no puede ser verdad.

18. Formación de oraciones pasivas

La importancia de las oraciones pasivas radica en que estas muestran con énfasis que acción se realizó, se está realizando o se realizará, y no quién realizó, realiza o realizará dicha acción, como ocurre en las oraciones activas. Para formar oraciones pasivas en presente debemos usar el verbo auxiliar "Werden", cuya conjugación está explicada en la Tabla Conjugación de Verbo auxiliar werden del Anexo 5 y al final debe ir el verbo que da la idea principal en su forma de participio. Para formar oraciones pasivas en distintos tiempos gramaticales debemos tener en cuenta lo siguiente:

1. **Werden + Verbo en forma de participio:** Pasivo en presente.
2. **Wurden + Verbo en forma de participio:** Pasivo en pasado-pretérito.
3. **Werden + Verbo en forma de participio + werden:** Pasivo en futuro I.
4. **Werden + Verbo en forma de participio + worden + sein:** Pasivo en futuro II. Este tipo de estructura requiere una fecha límite de ejecución de la acción.
5. **Sein + Verbo en forma de participio + worden:** Pasivo en pasado-perfecto.
6. **Waren + Verbo en forma de participio + worden:** Pasivo en pasado-pluscuamperfecto.

7. Würden + Verbo en forma de participio: Pasivo irreal en presente.

8. Wären + Verbo en forma de participio + worden: Pasivo irreal en pasado.

Das **A**uto *wird gefahren* (Pasivo en presente).

El auto es manejado.

Das **A**uto *wurde gefahren* (Pasivo en pasado-pretérito).

El auto fue manejado.

Das **A**uto *wird gefahren werden* (Pasivo en futuro I).

El auto será manejado.

Das **A**uto *wird gefahren worden sein* (Pasivo en futuro II) (Debe haber fecha límite).

El auto será manejado.

Das **A**uto *ist gefahren worden* (Pasivo en pasado-perfecto).

El auto ha sido manejado.

Das **A**uto *war gefahren worden* (Pasivo en pasado-pluscuamperfecto).

El auto había sido manejado.

Das **A**uto *würde gefahren* (Pasivo irreal en presente).

El auto sería manejado.

Das **A**uto *wäre gefahren worden* (Pasivo irreal en pasado).

El auto habría sido manejado.

Podemos usar los verbos modales para formar este tipo de oraciones. Los verbos modales deben ir en la segunda posición, es por ello que la idea del tiempo gramatical dependerá de su conjugación. Usaremos algunos de los ejemplos anteriores para poder entender mejor esta parte.

Das Auto *kann gefahren werden* (Pasivo en presente).

El auto puede ser manejado.

Das Auto *konnte gefahren werden* (Pasivo en pasado-pretérito).

El auto pudo ser manejado.

Das Auto *wird gefahren werden können* (Pasivo en futuro I).

El auto podrá ser manejado.

Das Auto *wird gefahren worden sein können* (Pasivo en futuro II) (Debe haber fecha límite).

El auto podrá ser manejado.

Das Auto *hat gefahren werden können* (Pasivo en pasado-perfecto).

El auto ha podido ser manejado.

Das Auto *hatte gefahren werden können* (Pasivo en pasado-pluscuamperfecto).

El auto había podido ser manejado.

Das Auto *könnte gefahren werden* (Pasivo irreal en presente).

El auto podría ser manejado.

Das **Auto** *wäre gefahren werden können* (Pasivo irreal en pasado).

El auto habría podido ser manejado.

Aquí es muy importante mencionar que el resultado de una acción se indicará tomando como base la estructura de las oraciones pasivas en pasado perfecto. Vale decir "**Sein + Verbo en forma de participio + worden**", aquí lo que interesa es el resultado de la acción, ya que la acción en sí ya concluyó. Por ejemplo:

Der **S**chüler *hat* di̲e **H**ausaufgabe *gemacht* (Oración activa).

El escolar ha hecho la tarea.

Die **H**ausaufgabe *ist* v̲o̲n̲ de̲m **S**chüler *gemacht worden* (Oración pasiva en pasado perfecto).

La tarea ha sido hecha por el escolar.

Die **H**ausaufgabe *ist gemacht* (Estado de la acción).

La tarea está hecha.

Concluyendo podemos decir que para indicar el resultado o estado de una acción debemos usar la estructura de pasivo en pasado perfecto pero sin el "worden", vale decir: "**Sein + Verbo en forma de participio**". Aquí no interesa quién realizó la acción, sino su resultado.

19. Formación de oraciones imperativas

Para formar oraciones imperativas, se deben seguir las siguientes reglas:
1. Para el pronombre "**du-tú**" se conjuga el verbo y se elimina la "**st**" de la terminación de la conjugación del verbo en segunda persona singular.
2. Para el ponombre "**ihr-ustedes**" se conjuga el verbo y este no cambia su forma.
3. Para el pronombre "**Sie-usted**" se conjuga el verbo y este no cambia su forma pero debe usarse la palabra "Sie".

Es importante explicar que no se usan otros pronombres personales, ya que no tendría lógica tratar de formar oraciones imperativas cuando no se indica la acción directamente a la persona que la debe ejecutar. Es por eso que sólo se consideran las formas imperativas con los pronombres personales de "**Tú**", "**Ustedes**" y "**Usted**". Explicamos esto con ejemplos.

Usaremos el verbo separable alemán "zumachen", que significa 'cerrar'.

Oración normal	Oración Imperativa	Significado
Du mach*st* die **Tür** *zu*	Mach die Tür zu	Cierra la puerta
Ihr mach*t* die **Tür** *zu*	Macht die Tür zu	Cierren la puerta
Sie mach*en* die **Tür** *zu*	Machen Sie die Tür zu	Cierre la puerta

Como podemos observar en el ejemplo, se usan las tres formas posibles de las oraciones imperativas, y se debe tener en cuenta que la forma más cortés al dar una disposición o una orden es la mostrada en la tercera oración de los ejemplos (se puede incluso agregar la expresión "por favor", que en alemán es "Bitte").

Oración normal	Oración imperativa	significado
Sie mach*en* die Tür *zu*	*Bitte*, mach*en* Sie die Tür *zu*	Cierre la puerta *por favor*

Una de las excepciones más importantes en la formación del imperativo se da con el verbo "**Sein**", ya que:

Oración normal	Oración imperativa	significado
Du *bist* geduldig	Sei geduldig	Sé paciente
Ihr *seid* geduldig	Seid geduldig	Sean pacientes
Sie *sind* geduldig	Seien Sie geduldig	Sea paciente

20. Formación de conversaciones indirectas - KI

El "**Konkjunktiv I**" es utilizado solamente en conversaciones indirectas, con la finalidad de repetir información dada por otras personas. Esta estructura se usa mucho en los medios de comunicación para deslindar responsabilidad por la información presentada. La forma de conjugar estos verbos está presentada en la Tabla Conjugación de verbo en Konkjuntiv I del Anexo 5.

Esta estructura tiene únicamente tres formas en los distintos tiempos gramaticales; vale decir, una forma en el pasado, una forma en el presente y una forma en el futuro. Para aclarar este punto se presentarán algunos ejemplos.

Conversaciones indirectas KI	Conversaciones normales
Er *sagt*, er *fahre* nach **Köln** (Presente).	Er *sagt*, er *fährt* nach **Köln**.
Él dijo, él viaja a Colonia.	Él dijo, él viaja a Colonia.
Er *sagt*, er *sei* nach **Köln** *gefahren* (Pasado).	Er *sagt*, er *ist* nach **Köln** *gefahren*.
Él dijo, él ha viajado a Colonia.	Él dijo, él ha viajado a Colonia.
Er *sagt*, er *werde* nach **Köln** *fahren* (Futuro).	Er *sagt*, er *wird* nach **Köln** *fahren*.
Él dijo, él viajará a Colonia.	Él dijo, él viajará a Colonia.

Tener en cuenta que al formar el pasado se debe tener presente si la acción indica movimiento; de ser ese el caso debe formarse la oración con el verbo auxiliar *sein* en la forma de Konkjuntiv I. De no existir movimiento en la idea de la acción del verbo, entonces se deberá usar el verbo auxiliar *haben* en la forma de Konkjuntiv I presentada en el Anexo 5, así como en los ejemplos respectivos.

Conversaciones indirectas KI	Conversaciones normales
Sie *sagt*, sie *mache* alles (Presente).	Sie *sagt*, sie *macht* alles.
Ella dice, ella hace todo.	Ella dice, ella hace todo.
Sie *sagt*, sie *habe* alles *gemacht* (Presente).	Sie *sagt*, sie *hat* alles *gemacht*
Ella dice, ella ha hecho todo.	Ella dice, ella ha hecho todo.
Sie *sagt*, sie *werde* alles *machen* (Presente).	Sie *sagt*, sie *wird* alles *machen*
Ella dice, ella hará todo.	Ella dice, ella hará todo.

Esta estructura la usamos también para diferenciar una situación en la que expresamos nuestra propia idea sobre la idea que otra persona tiene sobre sí misma. Por ejemplo.

Conversaciones indirectas KI	Conversaciones normales
Er *spreche* sehr gut deutsch.	Er *spricht* sehr gut deutsch
Él habla bien alemán.	Él habla bien alemán.

La diferencia radica que en la forma de KI nosotros no necesariamente estamos de acuerdo con la otra parte, o sea quizá en la realidad esa persona no hable bien alemán, pero esa persona quizá cree que sí. Es por eso que esta estructura gramatical es muy importante y usada en los medios de comunicación.

En la construcción de este tipo de estructura, encontramos un pequeño pero significativo problema, ya que al conjugar un verbo determinado en plural, no se distingue la diferencia entre el verbo en su forma normal o en su forma de Konkjuntiv I (excepto para el caso del pronombre personal ihr - ustedes), tal como se puede observar en los verbos presentados en la Tabla Conjugación de verbo en Konkjuntiv I del Anexo 5. En esos casos debemos usar la forma ya explicada del Konkjuntiv II (que da la idea de irreal o condicional, ver Tablas del Anexo 5).

Conversaciones indirectas KI	Conversaciones normales
Sie *sagen*, sie *würden* alles *machen* (Presente).	Sie *sagen*, sie *machen* alles.
Ellos dicen, ellos hacen todo.	Ellos dicen, ellos hacen todo.
Sie *sagen*, sie *hätten* alles *gemacht* (Pasado).	Sie *sagen*, sie *haben* alles *gemacht*.
Ellos dicen, ellos han hecho todo.	Ellos dicen, ellos han hecho todo.

También se pueden formar oraciones pasivas con la idea de Konkjuntiv I. Debemos notar que solo cambia la forma del verbo auxiliar, la otra parte de la estructura se mantiene invariable.

Oraciones pasivas con idea de KI	Oraciones pasivas normales
Er *sagt*, er *werde geschlagen* (Presente).	Er *sagt*, er *wird geschlagen*.
Él dijo, él es golpeado.	Él dijo, él es golpeado.
Er *sagt*, er *sei geschlagen worden* (Pasado).	Er *sagt*, er *ist geschlagen worden*.
Él dijo, él ha sido golpeado.	Él dijo, él ha sido golpeado.
Er *sagt*, er *werde geschlagen werden* (Futuro).	Er *sagt*, er *wird geschlagen werden*.
Él dijo, él será golpeado.	Él dijo, él será golpeado.

21. Formación del genitivo

El genitivo indica pertenencia, claro que se puede indicar la pertenencia de algo utilizando un verbo o incluso una preposición, pero por eso existe la forma del genitivo, la cual es muy especial y sobre todo usada en el idioma alemán. La forma del genitivo está explicada en la Tabla Declinación de artículos determinados e indeterminados en genitivo del Anexo 8.

Con los siguientes ejemplos se entenderá rápidamente su uso:

Das **B**uch *gehört* mein**em** **C**hef (El verbo gehören-pertenecer se usa con dativo).

El libro le pertenece a mi jefe.

Das **B**uch *ist* von mein**em** **C**hef (La preposición von-de se usa con dativo).

El libro es de mi jefe.

Das **B**uch mein**es** **C**hef**s** (Declinación del masculino "der Chef" en genitivo).

El libro de mi jefe.

Die **K**lasse d**er** **L**ehrerin (Miriam) *macht* immer die **H**ausaufgaben.

La clase de la profesora (Miriam) hace siempre las tareas.

El genitivo, tanto en masculino como en neutro, obliga a que los sustantivos terminen en "**s**" como en el caso del ejemplo anterior, "meines Chefs". En el caso del femenino no se aplica esta regla. Asimismo, se requiere el uso de la "**es**" cuando los sustantivos del que se indica la pertenencia terminan en "**s**", "**ss**", "**z**", "**ß**"; de lo contrario no se podría pronunciar adecuadamente la palabra.

Die Information d<u>es</u> Gesetz<u>es</u> *ist* sehr alt.

La información de la ley es muy antigua.

Der **B**esitzer d<u>es</u> **H**aus<u>es</u> *heißt* Rodolfo.

El dueño de la casa se llama Rodolfo.

Cuando se usa directamente el nombre de la persona de la que se indica la pertenencia, el genitivo se forma agregándole la letra "**s**" al final del nombre, independientemente del artículo del objeto del que se habla:

Miriam<u>s</u> **K**lasse *macht* immer <u>die</u> **H**ausaufgaben.

La clase de Miriam hace siempre las tareas.

Por otra parte, ahora se podrá mencionar que existen verbos que declinan en "**genitivo**" al objeto directo. Los verbos más comunes que se usan con genitivo se explican en la Tabla Verbos que declinan en genitivo del Anexo 7. Por ejemplo:

Wir *gedenken* unser<u>er</u> gefallen<u>en</u> **K**ameraden.

Nosotros recordamos a nuestros camaradas caídos.

Dies<u>es</u> **P**roblem *bedarf* weiter<u>er</u> **D**iskussion.

Ese problema necesita más discusión.

22. FORMACIÓN DE COMPARATIVOS Y SUPERLATIVOS

Para formar los comparativos usamos adjetivos con la finalidad de comparar cualidades particulares de personas, objetos o ideas; se debe agregar al adjetivo usado las sílabas "er + als" en la mayoría de casos o cambiar su forma, en otros.

Der **S**tuhl *ist* billi<u>er</u> <u>als</u> der **T**isch (billig) (er + als).

La silla es más barata que la mesa.

Der **S**tuhl *ist* schön<u>er</u> <u>als</u> der **T**isch (schön) (er + als).

La silla es más bonita que la mesa.

Dieses **A**uto *ist* <u>besser</u> <u>als</u> das andere (gut) (Cambia su forma a besser).

Ese auto es mejor que el otro.

Para hacer comparaciones entre personas, objetos o ideas, en la que se indica igualdad, se tienen dos opciones: "**Genauso... Wie – Tan igual...Como**" y "**So...Wie – Tanto...Como**". En estos casos los adjetivos no son modificados en su forma.

Der **S**tuhl *ist* <u>genauso</u> billig <u>wie</u> der **T**isch (billig).

La silla es tan barata como la mesa.

Der **S**tuhl *ist* so billig wie der **T**isch (billig).

La silla es tan barata como la mesa.

Asimismo podemos formar el superlativo que da la idea de superioridad total, para eso también se pueden usar dos formas, dependiendo si en la oración se usan nombres debe usarse el (artículo del mismo + ste al final del adjetivo); si no, se usan nombres debe usarse (am + sten al final del adjetivo).

Der **G**epard *ist* das schnellste **T**ier (Tier es el nombre).

El guepardo es el animal más rápido.

Der **G**epard *läuft* am schnellsten (No hay nombre).

El guepardo corre más rápido.

Los adjetivos que tienen la vocal "**a**, **o**, **u**" en la segunda posición, al formar el comparativo y el superlativo debe ir con los dos puntos de la diéresis, o sea "ä, ö, ü".

Du *bist* größer als ich (Adjetivo groß).

Tú eres más grande que yo.

No solo se usan los adjetivos para formar los comparativos, podemos usar también verbos para formar este tipo de estructuras, es por eso que se debe tener mucho cuidado con la declinación respectiva de los objetos directos, la cual depende normalmente del verbo utilizado.

Ich *liebe* di<u>ch</u> <u>mehr</u> <u>als</u> mi<u>ch</u> (Verbo lieben con acusativo).

Yo te quiero más que a mí.

Ich *gebe* d<u>ir</u> <u>mehr</u> <u>als</u> m<u>ir</u> (Verbo geben con dativo).

Yo te doy más que a mí.

23. Formación de preguntas

En alemán se pueden estructurar preguntas "Fragenbildung" de dos modos distintos.

La primera forma es utilizando el "**pronombre interrogativo**" seguido del "**verbo**" y después el "**sujeto**". Los pronombres interrogativos más utilizados los encontramos en la Tabla pronombres interrogativos del Anexo 3.

Wie heißen Sie?

¿Cómo se llama usted?

La segunda forma es utilizando el "**verbo**" seguido del "**sujeto**" y después el "**complemento**" correspondiente. En este tipo de preguntas, la respuesta normalmente es afirmativa o negativa.

Heißen Sie **H**erbert?

¿Se llama usted Herbert?

Ja, ich *heiße* **H**erbert.

Sí, yo me llamo Herbert.

Nein, ich *heiße* **C**arlos.

No, yo me llamo Carlos.

Además podemos estructurar preguntas de forma muy cortés, las preguntas indirectas, las cuales obligan a que el verbo se ubique al final, tal como ocurre en el caso del uso de las conjunciones.

*Könnten Sie m<u>ir</u> sagen, <u>wie alt</u> **Köln** ist?*

¿Me podría usted decir cuán vieja es Colonia?

Ich *habe* <u>keine</u> Ahnung, <u>wie alt</u> **Köln** *ist*.

No tengo ni idea de cuán vieja es Colonia.

Würden Sie m<u>ir</u> bitte sagen, <u>wann</u> die **Exkursion** *beginnt?*

¿Me diría usted, por favor, cuándo comienza la excursión?

Ich *weiß* nicht genau, <u>wann</u> die **Exkursion** *beginnt*.

No sé exactamente cuándo comienza la excursión.

Wissen Sie, <u>wie lange</u> die **Fahrt** *dauert?*

¿Sabe usted cuánto dura el viaje?

Ich *bin* m<u>ir</u> nicht sicher, <u>wie lange</u> die **Fahrt** *dauert*.

No estoy seguro de cuánto dura el viaje.

Darf ich *fragen*, <u>was</u> wir dort *machen*?

¿Puedo preguntar qué hacemos allí?

Ich *kann* <u>Ihnnen</u> nicht genau *sagen*, <u>was</u> wir dort *machen*.

No le puedo decir exactamente qué hacemos allí.

Sagen Sie m<u>ir</u> bitte, <u>wie viele</u> **S**tudenten noch <u>an</u> d<u>er</u> **U**niversität *es gibt*?

Dígame usted por favor, ¿cuántos estudiantes aún hay en la universidad?

Ich *weiß*, <u>dass</u> *es* achthundert **S**tudenten <u>an</u> d<u>er</u> **U**niversität *gibt*.

Yo sé que hay ochocientos estudiantes en la universidad.

Ich *möchte* gern *wissen*, <u>ob</u> Sie die **H**ausaufgabe *gemacht haben*?

Me gustaría saber, si usted ha hecho la tarea.

Wissen Sie nicht, <u>dass</u> ich immer die **H**ausaufgabe *mache*?

¿No sabe usted que yo siempre hago la tarea?

Es importante saber que al usar la conjunción "Ob-Si", normalmente la respuesta es una afirmación o negación, pero puede haber excepciones, como la mostrada en el ejemplo anterior, o sea cuando se responde con una repregunta.

Como ya hemos visto en la descripción del uso de los verbos, estos normalmente son utilizados con determinadas preposiciones. Estas mismas preposiciones deben ser utilizadas para poder realizar preguntas en alemán y se diferencia su estructura dependiendo de si la pregunta está relacionada a un objeto desconocido o a una persona.

Para dar un ejemplo de una pregunta sobre una persona usaremos el verbo "Denken An - Pensar en". En este caso, se usa la preposición sin ningún otro apoyo, vale decir sin ningún prefijo, como sí sucede en las preguntas relacionadas con cosas que no sabemos exactamente, las cuales requieren del prefijo "Wo" si la preposición comienza en consonante, o "Wor" si la preposición comienza en vocal.

A<u>n</u> we<u>n</u> *denkst* du?	¿En quién piensas tú?
A<u>n</u> mein<u>e</u> Eltern.	En mis padres.
Denkst du <u>an</u> dein<u>e</u> Eltern?	¿Piensas tú en tus padres?
Ja, ich *denke* <u>an</u> <u>sie</u>.	Sí, yo pienso en ellos.
<u>Auf</u> we<u>n</u> *wartest* du?	¿A quién esperas tú?
<u>Auf</u> ein<u>en</u> Freund <u>von</u> m<u>ir</u>.	A un amigo mío.
Wartest du <u>auf</u> ein<u>en</u> Freund <u>von</u> d<u>ir</u>?	¿Esperas a un amigo tuyo?
Ja, ich *warte* <u>auf</u> ihn.	Sí, yo lo espero.
Wor<u>an</u> *denkst* du?	¿En qué piensas tú?
A<u>n</u> di<u>e</u> Prüfung.	En el examen.
Denkst du <u>an</u> di<u>e</u> Prüfung?	¿Piensas tú en el examen?
Ja, ich *denke* dar<u>an</u>.	Sí, yo pienso en eso.
Wor<u>auf</u> *wartest* du?	¿A qué esperas tú?
Ich *warte* <u>auf</u> de<u>n</u> Bus.	Yo espero el bus.
Wartest du <u>auf</u> de<u>n</u> Bus?	¿Esperas tú el bus?
Ja, ich *warte* dar<u>auf</u>.	Sí, yo espero eso.

Resumiendo podemos mencionar en este caso lo siguiente:

1. **Prefijo Wo:** Se usa en preguntas relacionadas con algo desconocido y cuando la preposición comienza en consonante.
2. **Prefijo Wor:** Se usa en preguntas relacionadas con algo desconocido y cuando la preposición comienza en vocal.
3. **Prefijo Da:** Se usa para dar respuestas cortas y cuando la preposición comienza en consonante.
4. **Prefijo Dar:** Se usa para dar respuestas cortas y cuando la preposición comienza en vocal.

24. Uso de los verbos *SEIN*, *HABEN* y *WERDEN*

Estos son los verbos más importantes en el idioma alemán, ya que no solo tienen una función específica como verbos plenos, sino también distintas funciones como verbos auxiliares.

Como verbos plenos tienen el siguiente significado:
1. **Sein:** Ser o estar.
2. **Haben:** Tener.
3. **Werden:** Llegar a ser.

Wir *sind* Lehrer von **B**eruf (ser).

Nosotros somos profesores de profesión.

Wir *sind* jedes **W**ochenende zu **H**ause (estar).

Nosotros estamos cada fin de semana en casa.

Ihr *habt* schöne **W**ohnungen (tener).

Ustedes tienen bonitos departamentos.

Du *wirst* ein **O**ffizier der peruanischen **M**arine (llegar a ser).

Tú llegarás a ser un Oficial de la Marina peruana.

Como verbos auxiliares tienen el siguiente uso:

1. Sein: Para formar oraciones que impliquen movimiento o cambio de estado en pasado perfecto y pluscuamperfecto, para formar oraciones pasivas en pasado, para indicar el estado como resultado de una acción determinada, así como para formar oraciones irreales o condicionales.

2. Haben: Para formar oraciones que no impliquen movimiento o cambio de estado en pasado perfecto y pluscuamperfecto, así como para formar oraciones irreales o condicionales.

3. Werden: Para formar oraciones en futuro I (sin fecha límite de ejecución), en futuro II (con fecha límite de ejecución), oraciones pasivas y oraciones irreales o condicionales.

Ejemplos del uso del verbo sein como verbo auxiliar.

Ich *bin* mit mein**er** **F**amilie nach **E**uropa *gefahren* (Pasado Perfecto).

Yo he viajado con mi familia a Europa.

Du *warst* mit dein**em** **B**ruder nach **P**erú *geflogen* (Pasado Pluscuamperfecto).

Tú has viajado en avión con tu hermano a Perú.

Die **T**ür *ist* von mir *geschlossen worden* (Pasivo Pasado).

La puerta ha sido cerrada por mí.

Die **T**ür *ist geschlossen* (Estado Presente).

La puerta está cerrada.

Wenn ich in dies**em** **L**eben reich *wäre* (Irreal o Condicional).

Si yo fuera rico en esta vida.

Ejemplos del uso del verbo haben como verbo auxiliar.

Sie *hat* d*ie* **P**rüfung sehr gut *gemacht* (Pasado Perfecto).

Ella ha dado muy bien el examen.

Sie *hatte* d*ie* **P**rüfung sehr gut *gemacht* (Pasado Perfecto).

Ella había dado muy bien su examen.

Wenn du v*or* dein*er* **P**rüfung mehr **Z**eit *hättest* (Irreal o Condicional).

Si tú hubieras tenido más tiempo antes de tu examen.

Ejemplos del uso del verbo werden como verbo auxiliar.

Wir *werden* ein*en* neu*en* **J**ob *finden* (Futuro I).

Nosotros encontraremos un nuevo trabajo.

Wir *werden* *in* dies*em* **M**onat ein*en* neu*en* **J**ob *gefunden haben* (Futuro II).

Nosotros encontraremos este mes un nuevo trabajo.

Ich *werde* dieses **J**ahr der **B**este *gewesen sein* (Futuro II).

Yo seré el mejor este año.

Mein **A**uto *wird* v*on* mein*em* **V**ater *verkauft* (Pasivo).

Mi auto es vendido por mi padre.

Er *würde* d*ie* **A**rbeit z*u* **H**ause *machen* (Irreal o Condicional).

Él haría el trabajo en casa.

Cuando se usa el verbo *werden* como verbo pleno y como verbo auxiliar al mismo tiempo, este tiene precedencia ante los verbos modales en cuanto a la posición que debe ocupar, vale decir precedencia de ocupar la segunda posición, y debe ubicarse al verbo modal al final de la oración.

Mein **A**uto **wird** v**on** mein**em V**ater *verkauft werden müssen* (Pasivo Futuro).

Mi auto deberá ser vendido por mi padre.

Es importante mencionar en este punto que los verbos auxiliares "haben" y "sein" cumplen la siguiente función al usar la preposición "zu":

1. Haben zu: Tiene el significado del verbo modal müssen o sollen. Se usa en oraciones activas.
2. Sein zu: Tiene el significado del verbo modal müssen o sollen. Se usa en oraciones pasivas.
3. Sein zu (nicht): Tiene el significado de können. Se usa en oraciones pasivas.

Ich *habe* d**ie R**echnung **zu** *bezahlen* (Oración activa).

Ich *muss* d**ie R**echnung *bezahlen* (Oración activa).

Yo tengo que pagar la cuenta.

Die **H**ausaufgaben *sind* **zu** *machen* (Oración pasiva).

Die **H**ausaufgaben *müssen gemacht werden* (Oración pasiva).

Las tareas deben ser hechas.

Die **P**ferde *sind* nicht einfach zu *fotografieren* (Oración pasiva).

Die **P**ferde *können* nicht einfach *fotografiert werden* (Oración pasiva).

Los caballos no pueden ser fácilmente fotografiados.

25. Estructuras importantes

Existen ciertas estructuras en el idioma alemán que son esenciales para poder dar cierta información. Estas se presentan a continuación con los ejemplos correspondientes.

1. Entweder...Oder: O...O, hay una sola alternativa, es excluyente.

2. Einerseits...Andererseits: Por un lado...Por otro. Posición contradictoria.

3. Nicht nur...Sondern auch: No solo...Sino también (o tampoco): Se dan ambas, es incluyente.

4. Zwar...Aber: Es cierto...Pero: Posición contradictoria.

5. Sowohl...Als auch: Tanto...Como: Se dan ambas, es incluyente.

6. Je...Desto/Umso: Tanto...Tanto: Se usa con comparativos.

7. Um...Zu: Para: Usada para indicar una acción específica.

8. Damit: Usada para indicar una acción específica. Puede reemplazar al Um...Zu.

9. Sodass: Usada para indicar una acción específica. Puede reemplazar al Damit.

Ejemplos con "Entweder...Oder". "Entweder" ocupa la primera posición y "Oder" ocupa posición cero.

[Entweder studiert Helga Medizin], [oder sie besucht die Musikschule].
    1   2   3   4   0 1   2   3

O estudia Helga medicina o visita la escuela de música.

[Entweder besteht Fritz das Abitur], [oder er muss die Schule verlassen].
    1   2   3   4   0   1 2   3   4

O aprueba Fritz el bachillerato o él deberá dejar la escuela.

Ejemplos con "Einerseits...Andererseits". "Einerseits" ocupa la primera posición pero puede ir en la tercera posición, y "Andererseits" ocupa la primera posición.

[Einerseits verdient der Mann viel Geld] [andererseits hat er keine
       1   2   3   4   1   2 3   4

Zeit es zu genießen].
5   6

Por un lado gana el hombre mucho dinero, por otro lado no tiene tiempo para disfrutarlo.

[der Mann verdient einerseits viel Geld], [andererseits hat er keine
            1   2   3   4   1   2 3   4

Zeit es zu genießen].
5   6

El hombre gana por un lado mucho dinero, por otro lado no tiene tiempo para disfrutarlo.

[Einerseits ist Klaus ein sehr langsamer Schüler],
   1   2   3   4

[andererseits bringt er immer gute Noten].
      1   2   3   4   5

Por un lado Klaus es un estudiante lento, pero por otro lado trae siempre buenas notas.

Ejemplos con "Nicht nur…Sondern auch". "Nicht nur" ocupa normalmente la tercera posición, mientras que "Sondern auch" ocupa la posición cero, por lo que puede variar un poco su posición como veremos en los ejemplos.

[Diese Musik ist <u>nicht nur</u> viel zu laut] [<u>sondern</u> sie *klingt*
    1   2   3   4   0   1

<u>auch</u> nicht gut].
 2   0   3

Esa música no solo es muy alta, sino que tampoco suena bien.

[Diese Musik *ist* <u>nicht nur</u> viel zu laut] [<u>sondern</u> <u>auch</u> sie
    1   2   3   4   0

klingt nicht gut].
  1   2   3

Esa música no solo es muy alta, sino que tampoco suena bien.

[Ich *kaufe* <u>nicht nur</u> einen Fernseher] [<u>sondern</u> <u>auch</u> ein neues Auto].
  1   2   3   4   0   1

Yo compro no solo un televisor, sino también un auto nuevo.

Ejemplos con "Zwar...Aber". "Zwar" ocupa la primera posición o la tercera posición, pero "Aber" ocupa posición cero.

[<u>Zwar</u> *ist* das **W**asser sehr kalt] [<u>aber</u> wir *gehen schwimmen*].
  1   2   3   4   0   1   2   3
Es cierto que el agua está fría, pero nosotros vamos a nadar.

[Das **W**asser *ist* <u>zwar</u> sehr kalt] [<u>aber</u> wir *gehen schwimmen*].
  1   2   3   4   0   1   2   3
Es cierto que el agua está fría, pero nosotros vamos a nadar.

[Der **P**atient *ist* <u>zwar</u> sehr schwach] [<u>aber</u> er *muss operiert werden*].
  1   2   3   4   0   1   2   3   4
El paciente es cierto está muy débil, pero él debe ser operado.

[<u>Zwar</u> *ist* die **S**chweiz schön] [<u>aber</u> in **Ö**sterreich *lebt* man billiger].
  1   2   3   4   0   1   2   3   4
Es cierto que Suiza es bonito, pero en Austria se vive más barato.

Ejemplos con "Sowohl...Als auch". "Sowohl" va normalmente después del verbo, o sea ocupa la tercera posición, mientras que "Als auch" ocupa una posición posterior, como veremos en los siguientes ejemplos.

[Dieser **E**insatz *ist* <u>sowohl</u> gefährlich] [<u>als auch</u> unmöglich].
     1   2   3   4   0   5
Esa misión es tanto peligrosa como imposible.

[Die benutzte **I**nformation *ist* <u>sowohl</u> neu] [<u>als auch</u> kompliziert].
         1   2   3   4   0   5
La información usada es tanto nueva como complicada.

Ejemplos con "Je...Desto/Umso". "Je" va al inicio de la primera oración y obliga a que el verbo vaya al final, ya que actúa como conjunción. "Desto" o "Umso" ocupa la posición cero en la segunda oración, como veremos en los siguientes ejemplos.

[Je mehr Sie *lernen*,] [desto besser *sprechen* Sie Deutsch].
                           0   1   2   3   4

Tanto más aprendan, tanto mejor hablarán alemán.

[Je mehr Sie *lernen*,] [umso besser *sprechen* Sie Deutsch].
                           0   1   2   3   4

Tanto más aprendan, tanto mejor hablarán alemán.

[Je früher wir nach **Perú** *fahren*,] [desto mehr **Z**eit *werden*
                                        0   1   2

wir dort *haben*].
3   4   5

Tanto más temprano viajemos a Perú, tanto más tiempo tendremos allá.

[Je früher wir nach **Perú** *fahren*,] [umso mehr **Z**eit *werden*
                                        0   1   2

wir dort *haben*].
3   4   5

Tanto más temprano viajemos a Perú, tanto más tiempo tendremos allá.

Ejemplos con "Um...Zu". Esta estructura se usa para indicar una acción determinada, se podría usar también el "Zum", como veremos en los siguientes ejemplos. El uso de ambos se diferencia por:

1. Um...Zu: Cuando hay información detallada de la necesidad de la acción entre la preposición "um" y "zu", debe ir el verbo al final en infinitivo pero con minúscula.

2. Zum: Cuando no hay información detallada de la necesidad de la acción, debe ir el verbo al final en infinitivo pero con mayúscula, porque el verbo se transforma en ese caso en nombre.

Ich *brauche* eine<u>n</u> **B**leistift <u>zum</u> **S**chreiben (Verbo está nominalizado).

Yo necesito un lápiz para escribir.

Ich *brauche* eine<u>n</u> **B**leistift, <u>um</u> eine<u>n</u> **B**rief <u>zu</u> *schreiben* (Verbo no está nominalizado).

Yo necesito un lápiz para escribir una carta.

Du *kaufst* ein **A**uto <u>zum</u> **R**eisen (Verbo está nominalizado).

Tú compras un auto para viajar.

Du *kaufst* ein **A**uto, <u>um</u> mit deine<u>r</u> **F**amilie <u>zu</u> *reisen* (Verbo no está nominalizado).

Tú compras un auto para viajar con tu familia.

Ejemplos con "Damit". Esta estructura se usa para indicar una acción determinada, puede reemplazar al "Um…Zu", con la diferencia de que obliga a que el verbo se desplaze al final, ya que es una conjunción, ver Tabla Conjunciones que desplazan el verbo al final de la oración del Anexo 10. Esta conjunción también debe usarse cuando en la oración se usa dos sujetos distintos. Usaremos los ejemplos anteriores para comparar su uso.

Ich *brauche* eine**n** **B**leistift um einen **B**rief zu *schreiben* (Oración con Um...Zu).

Yo necesito un lápiz para escribir una carta.

Ich *brauche* einen **B**leistift, damit ich einen **B**rief *schreiben kann* (Oración con Damit).

Yo necesito un lápiz para poder escribir una carta.

Du *kaufst* ein **A**uto, um mit deiner **F**amilie zu *reisen* (Oración con Um...Zu).

Tú compras un auto para viajar con tu familia.

Du *kaufst* ein **A**uto, damit du mit deiner **F**amilie *reisen kannst* (Oración con Damit).

Tú compras un auto para poder viajar con tu familia.

Ich *komme* nach Deutschland um die deutsche **S**prache zu *lernen* (Un sujeto, Um...Zu).

Yo vengo a Alemania para aprender el idioma alemán.

Ich *komme* nach Deutschland, damit meine **K**inder die deutsche **S**prache *lernen können* (Dos sujetos, Damit).

Yo vengo a Alemania, con ello mis hijos podrán aprender el idioma alemán.

Ejemplos con "Sodass". Esta estructura se usa para indicar una acción determinada, puede reemplazar al "Damit" y desplazar de la misma forma al verbo al final de la oración, ya que es una conjunción, ver Tabla Conjunciones que desplazan el verbo al final de la oración del Anexo 10. Usaremos los ejemplos anteriores para comparar su uso.

Ich *brauche* eine**n** **B**leistift, <u>damit</u> ich eine**n** **B**rief *schreiben kann* (Oración con Damit).

Yo necesito un lápiz para poder escribir una carta.

Ich *brauche* eine**n** **B**leistift, <u>sodass</u> ich eine**n** **B**rief *schreiben kann* (Oración con Sodass).

Yo necesito un lápiz de manera que pueda escribir una carta.

Du *kaufst* ein **A**uto, <u>damit</u> du mit deine**r** **F**amilie *reisen kannst* (Oración con Damit).

Tú compras un auto para poder viajar con tu familia.

Du *kaufst* ein **A**uto, <u>sodass</u> du mit deine**r** **F**amilie *reisen kannst* (Oración con Sodass).

Tú compras un auto de manera que puedas viajar con tu familia.

También podemos separar la conjunción "sodass" en "so… dass", en este caso cambia un poco la estructura, pero el significado es el mismo. Obsérvense los siguientes ejemplos:

Ich *brauche* <u>so</u> eine**n** **B**leistift, <u>dass</u> ich eine**n** **B**rief *schreiben kann* (Oración con Sodass).

Yo necesito un lápiz de manera que pueda escribir una carta.

Du *kaufst* so ein **Auto,** dass du mit deiner **Familie** *reisen kannst* (Oración con Sodass).

Tú compras un auto de manera que puedas viajar con tu familia.

26. Información adicional de interés

El saludo alemán "Die Begrüßung" dependerá de la hora del día. Se distinguen prácticamente cuatro formas distintas, las cuales son:

Guten Morgen	Buenos días	05 AM – 09 AM
Guten Tag	Buenos días	09 AM – 03 PM
Guten Abend	Buenas tardes	03 PM – 10 PM
Gute Nacht	Buenas noches	10 PM – 05 AM

Aquí se puede observar que en el idioma alemán se deben escribir solo los sustantivos con la letra inicial en mayúscula, lo cual no ocurre en el idioma castellano. Claro que toda oración se inicia con mayúscula.

Hay varias formas de agradecer:

1. Nichts zu danken: Nada que agradecer.
2. Sehr gerne: Con mucho gusto.
3. Keine Ursache: De nada.
4. Kein Problem: No hay Problema.
5. Nicht dafür: No hay de qué.
6. Dafür nicht: No hay de qué.

La expresión "**man**" es un sujeto gramatical, se usa para nombrar algo muy generalizado.

Was sprich*t* man <u>in</u> **D**eutschland?

¿Qué se habla en Alemania?

Para preguntar por la hora se pueden usar las siguientes formas:

Wie spät ist es? o Wie viel Uhr ist es? que significa ¿qué hora es?

Y existen dos formas de responder a esas preguntas, una es de manera oficial y la otra no es de manera oficial, tal como se muestra en los siguientes ejemplos:

Offiziell	**Inoffiziell**
1:10 Ein Uhr zehn	zehn nach eins
2:30 Zwei Uhr dreißig	halb drei
17:15 Siebzehn Uhr fünfzehn	viertel nach fünf
20:45 Zwanzig Uhr fünfundvierzig	viertel vor neun
21:56 Einundzwanzig Uhr sechsundfünzig	vier vor zehn
19:33 Neunzehn Uhr dreiunddreißig	drei nach halb acht

La forma de leer los años hasta el año 2000 es la siguiente:

1995	neunzehnhundertfünfundneunzig
1492	vierzehnhundertzweiundneunzig
1535	fünfzehnhundertfünfunddreizig
1999	neunzehnhundertneunundneunzig

La forma de leer los años a partir del año 2000 es la siguiente:

2000	zweitausend
2003	zweitausendunddrei
2007	zweitausendundsieben
2013	zweitausendunddreizehn

Para indicar duración de tiempo o el intervalo de tiempo se debe tener en cuenta lo siguiente:

1. **Duración:** zweitä*gig* significa dos días, dreiwöch*ig* significa tres semanas, viermonat*ig* significa cuatro meses.

2. **Intervalo:** täg*lich* significa cada día, dreiwöchent*lich* significa cada tres semanas, viermonat*lich* significa cada cuatro meses.

26.1 Formación de palabras compuestas

La formación de palabras compuestas es muy utilizada en el idioma alemán, para ello se debe tener en cuenta que debemos invertir el orden de las palabras habitual en castellano. Por ejemplo.

Der Fischteller o die Fischplate significa "el plato de pescado", se construye de la siguiente forma:

der Teller (plato) + der Fisch (pescado) = *der* Fisch*teller*

die Platte (plato) + der Fisch (pescado) = *die* Fisch*platte*

Observamos que la primera palabra hablada en castellano es "**el plato**", después la información complementaria como "**de pescado**". Como se indicó anteriormente, en alemán se debe escribir de manera invertida y siempre prevalece el artículo de la primera palabra pensada en castellano, vale decir el artículo de la última palabra escrita en alemán.

26.2 Pronunciación especial

Es importante saber que hay letras, las cuales al estar unidas dentro de una palabra, tienen una pronunciación específica:
Las letras "**ei**" tienen la pronunciación "**ai**".
Por ejemplo "Albert Einstein" se pronuncia "albert ainstain".
Las letras "**ch**" tienen la pronunciación "**j**" y las palabras que terminan con las letras "**er**" tienen la pronunciación "**a**".
Por ejemplo "Michael Schumacher" se pronuncia "mijael schumaja".
Las letras "**eu**" tienen la pronunciación "**oi**".
Por ejemplo "Nummer neun" que significa "número nueve" se pronuncia "numa noin".

26.3 Escritura de números

Los números cardinales se presentan en la Tabla Números cardinales del Anexo 13.
Para formar los números ordinales, solo se requiere utilizar el sufijo "**te**" después del número cardinal correspondiente.
Por ejemplo el número cardinal "dos" "zwei" se estructura como "zwei_te_" "segundo" como número ordinal.
Las excepciones presentadas se dan con respecto a los números uno, tres y siete, los cuales cambian su estructura, como se muestra a continuación.
El número cardinal "uno" "eins", "tres" "drei" y "siete" "sieben", cambian a "erste" "primero", "dritte" "tercero" y "siebte" "séptimo", como números ordinales.

26.4 Verbos especiales

Los siguientes verbos deben ser estudiados pero sobre todo comprendidos, ya que de ello dependerá la formación correcta de la estructura de la oración y, como se mencionó en los párrafos precedentes, se declinará en acusativo si existe movimiento o cambio de estado, o se declinará en dativo si no existe movimiento o cambio de estado.

1. Setzen: Sentar a alguien o algo, indica movimiento (acusativo).
2. Sitzen: Estar sentado, indica sin movimiento (dativo).
3. Legen: Echar a alguien o algo, indica movimiento (acusativo).
4. Liegen: Estar echado, indica sin movimiento (dativo).
5. Stellen: Colocar, poner, indica movimiento (acusativo).
6. Stehen: Estar de pie, indica sin movimiento (dativo).
7. Hängen: Colocar algo, o estar colocado algo sobre algo (acusativo o dativo).
8. Stecken: Conectar algo, o estar conectado algo en algo (acusativo o dativo).

Er *setzt* sein<u>en</u> Jungen <u>auf</u> d<u>en</u> **S**tuhl (Wohin = movimiento = akkusativ).

Él sienta a su niño sobre la silla.

Er *hat* sein<u>en</u> Jungen <u>auf</u> d<u>en</u> **S**tuhl *gesetzt*.

Él ha sentado a su niño sobre la silla.

Wir *sitzen* <u>an</u> d<u>em</u> <u>(am)</u> **T**isch <u>in</u> d<u>er</u> Küche (Wo = sin movimiento = dativ).

Nosotros estamos sentados sobre la mesa en la cocina.

Wir *haben* <u>an</u> d<u>em</u> <u>(am)</u> **T**isch <u>in</u> d<u>er</u> Küche *gesessen*.

Nosotros nos hemos sentado sobre la mesa en la cocina.

Ihr *legt* d<u>en</u> **A**tlas <u>auf</u> d<u>as</u> **B**ücherregal (Wohin = movimiento = akkusativ).

Ustedes colocan el atlas sobre el armario.

Ihr *habt* d<u>en</u> **A**tlas <u>auf</u> d<u>as</u> **B**ücherregal *gelegt*.

Ustedes han colocado el atlas sobre el armario.

Sie *liegt* <u>auf</u> d<u>em</u> **S**ofa (Wo = sin movimiento = dativ)

Ella está echada sobre el sofá.

Sie *hat* <u>auf</u> d<u>em</u> **S**ofa *gelegen*.

Ella se ha echado sobre el sofá.

Er *stellt* sein<u>en</u> **W**ecker <u>auf</u> d<u>en</u> **T**isch (Wohin = movimiento = akkusativ)

Él coloca el despertador sobre la mesa.

Er *hat* sein<u>en</u> **W**ecker <u>auf</u> d<u>en</u> **T**isch *gestellt*.

Él ha colocado el despertador sobre la mesa.

Sie *steht* <u>an</u> d<u>em</u> (<u>am</u>) **F**enster (Wo = sin movimiento = dativ).

Ella está parada por la ventana.

Sie *hat* <u>an</u> d<u>em</u> (<u>am</u>) **F**enster *gestanden*.

Ella se ha parado por la ventana.

Ich *hänge* mein<u>e</u> Jacke <u>auf</u> d<u>en</u> **K**leiderbügel (Wohin = con movimiento = akkusativ).

Yo cuelgo mi casaca sobre el colgador.

Meine Jacke *hängt* <u>auf</u> d<u>em</u> **K**leiderbügel (Wo = sin movimiento = dativ).

Mi casaca está colgada en el colgador.

Du *steckst* d<u>en</u> **S**chlüssel <u>in</u> d<u>ie</u> **T**ür (Wohin = con movimiento = akkusativ).

Tú colocas la llave en la puerta.

Der **S**chlüssel *steckt* <u>in</u> d<u>er</u> **T**ür (Wo = sin movimiento = dativ).

La llave está colocada en la puerta.

26.5 Acentuación

En el idioma alemán no existe, solo se acentúa fonéticamente, y para el caso de la acentuación de los verbos se debe seguir la siguiente regla:

1. Regla general: Se acentúa en la primera sílaba del verbo: <u>hei</u>ßen - llamarse, <u>ge</u>hen - ir, <u>fah</u>ren - manejar, <u>hö</u>ren - escuchar, <u>spie</u>len - jugar, <u>woh</u>nen - vivir, etc.

2. Para verbos separables: Se acentúa en el prefijo del verbo: <u>auf</u>stehen - levantarse, <u>ein</u>kaufen - comprar, <u>an</u>fangen - comenzar, <u>an</u>rufen - llamar, etc.

3. **Para verbos no separables:** Se acentúa en la sílaba que da la idea principal: beg<u>rü</u>ßen - saludar, beg<u>i</u>nnen - empezar, bes<u>u</u>chen - visitar, etc.

4. **Verbos con terminación "ieren":** se acentúa sobre la silaba que lleva la "ie": stud<u>ie</u>ren - estudiar, organis<u>ie</u>ren - organizar, telefon<u>ie</u>ren – hablar por teléfono, etc.

26.6 Artículos que dan énfasis

Estos artículos son usados con la finalidad de expresar interés o mucha emoción, estos artículos "**denn**" para el caso de preguntas y "**doch, ja**" para el caso de oraciones, no tienen ningún significado, solo expresan interés, emoción o sorpresa.

En el caso de preguntas:

Was *hast* du <u>denn</u> *gemacht*? (Sorpresa).

¿Qué has hecho tú?

Was *ist* <u>denn</u> hier los? (Interés).

¿Qué es lo que pasa aquí?

En el caso de oraciones:

Das *ist* <u>doch</u> mein Auto (Interés).

Este es mi auto.

Das *ist* <u>ja</u> schrecklich (Sorpresa).

Esto es horrible.

Kommen Sie <u>doch</u> her (Molestia).

Venga usted aquí.

26.7 Estilo verbal y estilo nominal

El estilo verbal "Verbalstil" es utilizado para formar oraciones en las que se requiere de una conjunción, la cual desplaza al verbo al final de la oración.

El estilo nominal "Nominalstil" es utilizado para formar oraciones en las que se requiere una preposición con el verbo nominalizado correspondiente.

Ich *gehe spazieren*, weil das **W**etter **sehr** schön *ist* (Estilo Verbal).

Yo voy a pasear porque el clima es muy bonito.

Ich *gehe* wegen des schönen **W**etters *spazieren* (Estilo Nominal).

Yo voy a pasear debido al bonito clima.

26.8 Expresiones

Finalmente presento la Tabla Expresiones de interés del Anexo 14, en la que encontrarán más de cien expresiones básicas pero importantes del idioma alemán.

26.9 Diálogo

En las conversaciones se puede diferenciar la forma "**cortés**" y la forma "**amical**", que también se presenta en el castellano.

Cortés-Höflich	**Amical**
Wie geh*t* es Ihnen?	Wie geh*t* es dir?
¿Cómo le va a usted?	¿Cómo te va?
Danke gut.	Es geh*t*.
Gracias, bien.	Más o menos.
Und Ihnen?	Und dir?
¿Y a usted?	¿Y a ti?
Danke, auch gut.	Danke, gut.
Gracias, también bien.	Bien, gracias.
Wie heiß*en* Sie?	Wie heiß*t* du?
¿Cómo se llama usted?	¿Cómo te llamas?
Ich heiß*e* **A**bel **G**utiérrez.	Ich heiß*e* **A**bel **G**utiérrez.
Yo me llamo Abel Gutiérrez.	Yo me llamo Abel Gutiérrez.
Wo wohn*en* Sie?	Wo wohn*st* du?
¿Dónde vive usted?	¿Dónde vives?
Ich wohn*e* in La Molina.	Ich wohn*e* in La Molina.
Yo vivo en la Molina.	Yo vivo en la Molina.
Wie *ist* Ihre **A**dresse?	Wie *ist* deine **A**dresse?
¿Cuál es su dirección?	¿Cuál es tu dirección?
Wie *ist* Ihre Telefonnummer?	Wie *ist* deine Telefonnummer?

¿Cuál es su número telefónico?   ¿Cuál es tu número telefónico?

Wie alt *sind* Sie?   Wie alt *bist* du?

¿Cuántos años tiene?   ¿Cuántos años tienes?

Ich *bin* fünfzig **J**ahre alt.   Ich *bin* fünfzig **J**ahre alt.

Tengo cincuenta años.   Tengo cincuenta años.

Was mach*en* Sie?   Was mach*st* du?

¿Qué hace usted?   ¿Qué haces tú?

Ich *bin* **A**rzt.   Ich *bin* **A**rzt.

Yo soy médico.   Yo soy médico.

Was *sind* Sie <u>von</u> **B**eruf?   Was *bist* du <u>von</u> **B**eruf?

¿Qué profesión tiene?   ¿Qué profesión tienes?

Ich *bin* **A**rzt <u>von</u> **B**eruf.   Ich *bin* **A**rzt <u>von</u> **B**eruf.

Yo soy médico de profesión.   Yo soy médico de profesión.

Dialogo / Dialog:

Guten **T**ag, ich heiß*e* **R**amiro   Buenas tardes yo me llamo Ramiro

Guten **T**ag, mein **N**ame *ist* **R**amiro   Buenas tardes mi nombre es Ramiro

Guten **T**ag, ich *bin* **R**amiro   Buenas tardes yo soy Ramiro

Und wie heiß*en* Sie?   ¿Y cómo se llama usted?

Ich heiß*e* **C**iro **G**utiérrez   Yo me llamo Ciro Gutiérrez

Wer *ist* sie?   ¿Quién es ella?

Sie *ist* Frau Müller.	Ella es la señora Müller.
Guten Morgen, *ist* hier noch frei?	Buenos días, ¿está todavía libre?
Ja bitte, *sind* Sie neu hier?	Sí, claro, ¿es usted nuevo aquí?
Ach so, und was mach*en* Sie?	Ah sí, ¿y qué hace usted?
Ich *bin* Ingenieur, und Sie?	Yo soy ingeniero, ¿y usted?
Ich *bin* Mechaniker.	Yo soy mecánico.
Übrigens, ich *bin* Victor Gutiérrez	Por cierto yo soy Víctor Gutiérrez.
Ich *bin* Sonia Gutiérrez.	Yo soy Sonia Gutiérrez.
Woher komm*en* Sie?	¿De dónde viene usted?
Ich komm*e* <u>aus</u> Peru.	Yo vengo de Perú.
Sie sprech*en* gut Deutsch.	Usted habla buen alemán.
Danke schön.	Muchas gracias.
Bitte schön.	De nada.
Wie alt *bist* du?	¿Cuántos años tienes?
Ich *bin* 34 Jahre alt.	Tengo 34 años.
Ich arbeit*e* erst zwei Tage hier.	Yo trabajo aquí recién dos días.
Ich arbeit*e* schon fünf Jahre hier.	Yo trabajo aquí ya cinco años.
Wie bitte?	¿Cómo, disculpe?
Hallo, ha*st* du Feuer?	Hola, ¿tienes encendedor?
Nein, leider nicht.	No, lamentablemente no.

Wart*est* du schon lange auf das Bier?   ¿Esperas la cerveza mucho tiempo?

Woher komm*st* du?   ¿De dónde vienes tú?

Ich komm*e* <u>aus</u> **P**eru.   Yo vengo de Perú.

Wohin möcht*est* du?   ¿A dónde vas tú?

<u>Nach</u> **Mü**nchen.   Hacia Múnich.

Was *isst* du <u>zum</u> **F**rühstück?   ¿Qué tomas tú para desayunar?

Ich nehm*e* <u>ein</u> **K**äsebrot.   Yo tomo un pan con queso.

Was *isst* du mittags?   ¿Qué comes al mediodía?

Ich ess*e* **H**ähnchen <u>mit</u> **R**eis.   Yo como pollo con arroz.

Was mög*en* Sie nicht?   ¿Qué no le gusta a usted?

Ich *mag* <u>keine</u> **S**uppe.   A mí no me gusta sopa.

Was nimm*st* du als **V**orspeise?   ¿Qué deseas como entrada?

Als **V**orspeise nehm*e* ich <u>einen</u> **S**alatteller   Como entrada tomo una ensalada.

Was *isst* du als **H**auptgericht?   ¿Qué comes como plato principal?

Als **H**auptgericht ess*e* ich **B**rathähnchen   Como plato principal yo como pollo frito.

Was *isst* du als **N**achspeise?   ¿Qué tomas como postre?

Als **N**achspeise ess*e* ich **A**pfelkuchen.   Como postre yo como pastel de manzana.

Was möcht*est* du *trinken*?   ¿Qué deseas para tomar?

Ich möcht*e* **L**imonade *trinken*.   Deseo tomar limonada.

Spiel*st* du **V**olleyball oder **F**ußball?   ¿Juegas vóley o futbol?

Ich spiel*e* gern **F**ußball.	Yo prefiero jugar futbol.
Geh*st* du <u>ins</u> **K**ino oder <u>ins</u> **T**heater?	¿Vas al cine o al teatro?
Ich geh*e* gern <u>ins</u> **T**heater.	Yo voy gustoso al teatro.
Trink*st* du **C**oca **C**ola oder **P**epsi?	¿Tomas Coca Cola o Pepsi?
Ich trink*e* lieber **S**prite.	Yo prefiero tomar Sprite.
Tan*zt* du lieber **S**alsa oder **R**ock?	¿Prefieres bailar salsa o rock?
Petra *spricht* **E**nglisch und **D**eutsch.	Petra habla inglés y alemán.
Wir müss*en* **C**hemie *studieren*.	Nosotros debemos estudiar química.
Jörg *darf* hier nicht *rauchen*.	Jorge no debe fumar aquí.
Ich möcht*e* **T**orte *essen*.	Yo deseo comer una torta.
Sheyla *will* <u>nach</u> **A**sia *fahren*.	Sheyla quiere viajar a Asia.
Sie *soll* **T**abletten *nehmen*.	Ella debe tomar las pastillas.
Spiel*en* **I**ngrid und **M**onika **T**ennis?	¿Ingrid y Mónica juegan tenis?
Ja, beide spiel*en* gern **T**ennis.	Sí, ambas juegan tenis.

27. Recomendaciones del autor para un aprendizaje más efectivo

En este punto quiero plasmar los métodos empleados por mi persona al haber estudiado el idioma alemán, los cuales me permitieron obtener resultados sorprendentes en tiempos cortos. Les sugiero aplicar las recomendaciones dadas para ser más eficientes con el uso de los tiempos al estudiar el idioma.

1. Al momento de encontrar nuevo vocabulario separe las palabras nuevas diferenciando las listas de sustantivos con artículos masculinos, femeninos y neutros, adjetivos, adverbios, preposiciones, verbos separables, etc., con la finalidad de reconocer desde un comienzo el uso gramatical de las palabras nuevas, así como el aprendizaje simultáneo al momento de escribir, por ejemplo un sustantivo con su respectivo artículo.

2. Estudiar la lista de palabras nuevas debiendo saber que para potenciar la parte pasiva del idioma, quiere decir su capacidad de poder entender al leer y al escuchar, debe leer la palabra en alemán y usted debe decir su significado en castellano; luego marque las palabras que aún no las aprendió y repita el procedimiento únicamente con las palabras que aún debe aprender.

3. Pero como se dijo en la introducción, la función principal de un idioma o una lengua es el poder comunicarse, y para ello debemos potenciar más nuestro vocabulario activo para poder hablar y escribir, es por eso que debemos realizar el procedimiento explicado anteriormente, con la diferencia que esta vez tenemos que leer las palabras en castellano y debemos

decir su significado en alemán, es decir, realizamos el proceso inverso a lo descrito anteriormente; esto potenciará mucho su vocabulario activo.

4. Al momento de buscar el significado en castellano de una palabra en alemán, trate de identificar su familia de palabras; lo que quiero decir es que identifique las palabras que tienen una escritura parecida pero con una función distinta, tal como lo descrito en los siguientes ejemplos: si usted busca el significado en el diccionario del verbo "anerkennen", observará que significa "reconocer", pero si analiza las palabras que pueden estar escritas poco antes o poco después del mencionado verbo, encontrará el sustantivo "Anerkennung", que significa "reconocimiento", y el adjetivo "anerkennend", que significa "reconocido". Lo mismo ocurre con el verbo ""nutzen", que significa "utilizar", el sustantivo "Nutzung", que significa "utilidad", y el adjetivo "nützlich", que significa "utilizable". Es así que encontrará muchas palabras-familia y podrá de esta manera realizar un único esfuerzo de aprender ya sea el verbo, el sustantivo o el adjetivo, para que en automático aprenda el significado y el uso de las otras dos palabras.

5. Vea películas en alemán con subtítulos en alemán, con la finalidad de potenciar paralelamente su capacidad de entendimiento al escuchar y al leer, lo que le permitirá familiarizarse de manera más rápida con las estructuras del idioma; no debemos olvidarnos que el aprendizaje de un idioma consiste en su automatización y que con esto, ahorrará la mitad del tiempo al leer y escuchar al mismo tiempo.

6. Otro gran consejo que les brindo es grabar en un reproductor de audio como un MP3 o MP4 las palabras que desean aprender, o expresiones de interés, con la finalidad de que las puedan escuchar en diferentes momentos, como al conducir un auto, al trasladarse de un lugar a otro, al viajar, al momento de querer descansar, etc., lo que les permitirá escuchar su propia pronunciación, pero sobre todo les

ahorrará mucho tiempo, ya que pueden realizar otra actividad paralelamente. Escuchar siempre es menos estresante que leer.

7. Tenga contacto permanente con personas que hablen el idioma, con la finalidad de potenciar la parte activa de la comunicación.

8. Estudie con mucho entusiasmo, ya que influye mucho en los resultados esperados. Recuerde que el idioma será su principal herramienta de negociación al buscar un trabajo, o de aprendizaje al realizar nuevos estudios, o simplemente le servirá para conocer mucho mejor las culturas en las que se habla este idioma al momento de viajar como turista.

Anexos

Anexo 1. Pronombres personales

ANEXO 1					
DECLINACIÓN DE PRONOMBRES PERSONALES					
Personal Pronomen			Pronombres personales	
Nominativ	Akkusativ	Dativ	Nominativo	Acusativo y Dativo
ich	mich	mir	yo	me
du	dich	dir	tú / vos	te
er	ihn	ihm	él	le / lo
sie	sie	ihr	ella	le / la
es	es	ihm	eso	le / lo
wir	uns	uns	nosotros	nos
ihr	euch	euch	vosotros / ustedes	les / los
sie	sie	ihnen	ellos	les / los
Sie	Sie	Ihnen	ustedes / usted	le / lo / les / los

Anexo 2. Pronombres posesivos y declinaciones

ANEXO 2
PRONOMBRES POSESIVOS

Personal Pron	Maskulin	Feminin	Neutrum	Plural	Pron Pers	Masculino/Neutro	Femenino	Plural Mas	Plural Fem
ich	mein	meine	mein	meine	yo	mi	mi	mis	mis
du	dein	deine	dein	deine	tú / vos	tu	tu	tus	tus
er	sein	seine	sein	seine	él	su	su	sus	sus
sie	ihr	ihre	ihr	ihre	ella	su	su	sus	sus
es	sein	seine	sein	seine	eso	su	su	sus	sus
wir	unser	unsere	unser	unsere	nosotros	nuestro	nuestra	nuestros	nuestras
ihr	euer	eure	euer	eure	vosotros / usted	vuestro	vuestra	vuestros	vuestras
sie	ihr	ihre	ihr	ihre	ellos	su	su	sus	sus
Sie	Ihr	Ihre	Ihr	Ihre	ustedes / usted	su	su	sus	sus

ANEXO 2

DECLINACIÓN DE PRONOMBRES POSESIVOS EN ACUSATIVO Y DATIVO

Personal Pron	Maskulin		Feminin		Neutrum		Plural	
	Akkusativ	Dativ	Akkusativ	Dativ	Akkusativ	Dativ	Akkusativ	Dativ
ich	meinen	meinem	meine	meiner	mein	meinem	meine	meinen
du	deinen	deinem	deine	deiner	dein	deinem	deine	deinen
er	seinen	seinem	seine	seiner	sein	seinem	seine	seinen
sie	ihren	ihrem	ihre	ihrer	ihr	ihrem	ihre	ihren
es	seinen	seinem	seine	seiner	sein	seinem	seine	seinen
wir	unseren	unserem	unsere	unserer	unser	unserem	unsere	unseren
ihr	euren	eurem	eure	eurer	eure	eurem	eure	euren
sie	ihren	ihrem	ihre	ihrer	ihr	ihrem	ihre	ihren
Sie	Ihren	Ihrem	Ihre	Ihrer	Ihr	Ihrem	Ihre	Ihren

Anexo 3. Pronombres interrogativos

ANEXO 3	
PRONOMBRES INTERROGATIVOS	
Fragenwörter	Pronombres interrogativos
wann	cuándo
warum	por qué
was	qué
welche	cuál (femenino)
welcher	cuál (masculino)
welches	cuál (neutro)
wem (dativo)	a quién
wen (acusativo)	a aquién
wer	quién
wessen	de quién
wie	cómo
wie alt	cuán viejo
wieso	por qué
wie lange	cuánto (de tiempo)
wie viel	cuánto (de cantidad)
wo	dónde
wodurch	cómo
woher	de dónde
wohin	a dónde
wonach	qué / qué es lo que
woran	a qué / de qué
worauf	a qué / sobre qué
woraus	de qué / de dónde
worin	en qué / dónde
wozu	para qué

Anexo 4. Verbo sein

ANEXO 4					
VERBO *SEIN* EN PRESENTE					
Personal Pronomen	Verb *sein*	Pronombre personal	Verbo *ser*	Verbo *estar*	
ich	bin	yo	soy	estoy
du	bist	tú / vos	eres / sos	estás
er	ist	él	es	está
sie	ist	ella	es	está
es	ist	eso	es	está
wir	sind	nosotros	somos	estamos
ihr	seid	vosotros / ustedes	sois / son	estáis / están
sie	sind	ellos	son	están
Sie	sind	ustedes / usted	son / es	están / está

ANEXO 4				
VERBO *SEIN* EN PASADO				
Personal Pronomen	Verb *waren*	Pronombre personal	Verbo *ser*	Verbo *estar*
ich	war	yo	era	estaba
du	warst	tú / vos	eras	estabas
er	war	él	era	estaba
sie	war	ella	era	estaba
es	war	eso	era	estaba
wir	waren	nosotros	eramos	estabamos
ihr	wart	vosotros / ustedes	erais / eran	estabais / estaban
sie	waren	ellos	eran	estaban
Sie	waren	ustedes / usted	eran / era	estaban / estaba

ANEXO 4				
VERBO *SEIN* EN FUTURO				
Personal Pronomen	Verb *werden*	Pronombre personal	Verbo *ser*	Verbo *estar*
ich	werde	yo	seré	estaré
du	wirst	tú / vos	serás	estarás
er	wird	él	será	estará
sie	wird	ella	será	estará
es	wird	eso	será	estará
wir	werden	nosotros	seremos	estaremos
ihr	werdet	vosotros / ustedes	seráis / serán	estaréis / estarán
sie	werden	ellos	serán	estarán
Sie	werden	ustedes / usted	serán / será	estarán / estará

ANEXO 4				
VERBO *SEIN* EN IRREAL				
Personal Pronomen	Verb *wären*	Pronombre personal	Verbo *ser*	Verbo *estar*
ich	wäre	yo	sería	estaría
du	wärest	tú / vos	serías	estarías
er	wäre	él	sería	estaría
sie	wäre	ella	sería	estaría
es	wäre	eso	sería	estaría
wir	wären	nosotros	seríamos	estaríamos
ihr	wäret	vosotros / ustedes	seríais / serían	estaríais / estarían
sie	wären	ellos	serían	estarían
Sie	wären	ustedes / usted	serían / sería	estarían / estaría

Anexo 5. Conjugación de verbos

ANEXO 5			
CONJUGACIÓN DE VERBOS REGULARES EN PRESENTE			
Personal Pron	Verb *machen*	Pronombre personal	Verbo *hacer*
ich	mache	yo	hago
du	machst	tú / vos	haces / hacés
er	macht	él	hace
sie	macht	ella	hace
es	macht	eso	hace
wir	machen	nosotros	hacemos
ihr	macht	vosotros / ustedes	hacéis / hacen
sie	machen	ellos	hacen
Sie	machen	ustedes / usted	hacen / hace

ANEXO 5			
CONJUGACIÓN DE VERBOS REGULARES TERMINADOS EN *DEN* O *TEN*			
Personal Pron	Verb *senden*	Pronombre personal	Verbo *enviar*
ich	sende	yo	envío
du	sendest	tú / vos	envías / enviás
er	sendet	él	envía
sie	sendet	ella	envía
es	sendet	eso	envía
wir	senden	nosotros	enviamos
ihr	sendet	vosotros / ustedes	enviáis / envían
sie	senden	ellos	envían
Sie	senden	ustedes / usted	envían / envía
Nota: Se requiere del apoyo de la "e" en la segunda y tercera persona singular			

ANEXO 5				
CONJUGACIÓN DE VERBOS REGULARES TERMINADOS EN **DEN** O **TEN**			
Personal Pronomen	Verb *arbeiten*	Pronombre persona	Verbo *trabajar*
ich	arbeite	yo	trabajo
du	arbeitest	tú / vos	trabajas / trabajás
er	arbeitet	él	trabaja
sie	arbeitet	ella	trabaja
es	arbeitet	eso	trabaja
wir	arbeiten	nosotros	trabajamos
ihr	arbeitet	vosotros / ustedes	trabajáis / trabajan
sie	arbeiten	ellos	trabajan
Sie	arbeiten	ustedes / usted	trabajan / trabaja
Nota: Se requiere del apoyo de la "e" en la segunda y tercera persona singular			

ANEXO 5			
CONJUGACIÓN DE VERBOS REGULARES EN PASADO			
Personal Pron	Verb *machen*	Pronombre persor	Verbo *hacer*
ich	machte	yo	hice
du	machtest	tú / vos	hiciste
er	machte	él	hizo
sie	machte	ella	hizo
es	machte	eso	hizo
wir	machten	nosotros	hicimos
ihr	machtet	vosotros / ustedes	hicisteis / hicieron
sie	machten	ellos	hicieron
Sie	machten	ustedes / usted	hicieron / hizo

ANEXO 5			
CONJUGACIÓN DE VERBO AUXILIAR *HABEN* EN PRESENTE			
Personal Pron	Verb *haben*	Pronombre personal	Verbo *tener*
ich	habe	yo	tengo
du	hast	tú / vos	tienes / tenés
er	hat	él	tiene
sie	hat	ella	tiene
es	hat	eso	tiene
wir	haben	nosotros	tenemos
ihr	habt	vosotros / ustedes	tenéis / tienen
sie	haben	ellos	tienen
Sie	haben	ustedes / usted	tienen / tiene

ANEXO 5			
CONJUGACIÓN DE VERBO AUXILIAR *HABEN* EN PASADO			
Personal Pronomen	Verb *hatten*	Pronombre personal	Verbo *tener*
ich	hatte	yo	tenía
du	hattest	tú / vos	tenías
er	hatte	él	tenía
sie	hatte	ella	tenía
es	hatte	eso	tenía
wir	hatten	nosotros	teníamos
ihr	hattet	vosotros / ustedes	teníais / tenían
sie	hatten	ellos	tenían
Sie	hatten	ustedes / usted	tenían / tenía

ANEXO 5			
CONJUGACIÓN DE VERBO AUXILIAR *HABEN* EN IRREAL			
Personal Pronomen	Verb *hätten*	Pronombre persona	Verbo *tener*
ich	hätte	yo	tendría
du	hättest	tú / vos	tendrías
er	hätte	él	tendría
sie	hätte	ella	tendría
es	hätte	eso	tendría
wir	hätten	nosotros	tendríamos
ihr	hättet	vosotros / ustedes	tendríais / tendrían
sie	hätten	ellos	tendrían
Sie	hätten	ustedes / usted	tendrían / tendría

ANEXO 5			
CONJUGACIÓN DE VERBO AUXILIAR *WERDEN*			
Personal Pronomen	Verb *werden*	Pronombre persona	Verbo *llegar a ser*
ich	werde	yo	seré
du	wirst	tú / vos	serás
er	wird	él	será
sie	wird	ella	será
es	wird	eso	será
wir	werden	nosotros	seremos
ihr	werdet	vosotros / ustedes	seréis / serán
sie	werden	ellos	serán
Sie	werden	ustedes / usted	serán / será

ANEXO 5
CONJUGACIÓN DE VERBO EN KONJUNKTIV I

Personal Pron	Pron. personal	Verbo *haben*	Verbo *sein*	Verbo *werden*	Verbo *kommen*	Verbo *können*
ich	yo	habe	sei	werde	komme	könne
du	tú / vos	habest	seiest	werdest	kommest	könnest
er	él	habe	sei	werde	komme	könne
sie	ella	habe	sei	werde	komme	könne
es	eso	habe	sei	werde	komme	könne
wir	nosotros	haben	seien	werden	kommen	können
ihr	vosotros / ustedes	habet	seiet	werdet	kommet	könnet
sie	ellos	haben	seien	werden	kommen	können
Sie	ustedes / usted	haben	seien	werden	kommen	können

Anexo 6. Verbos modales

ANEXO 6
CONJUGACIÓN DE VERBOS MODALES EN PRESENTE

Personal Pron	Pronombre	Dürfen	Deber	Können	Poder	Mögen	Querer
ich	yo	darf	debo	kann	puedo	mag	quiero
du	tú / vos	darfst	debes / debés	kannst	puedes / podés	magst	quieres / querés
er	él	darf	debe	kann	puede	mag	quiere
sie	ella	darf	debe	kann	puede	mag	quiere
es	eso	darf	debe	kann	puede	mag	quiere
wir	nosotros	dürfen	debemos	können	podemos	mögen	queremos
ihr	vosotros / ustedes	dürft	debéis / deben	könnt	podéis / pueden	mögt	queréis / quieren
sie	ellos	dürfen	deben	können	pueden	mögen	quieren
Sie	ustedes / usted	dürfen	deben / debe	können	pueden / puede	mögen	quieren / quiere

NOTA: El verbo *mögen* es usado actualmente como verbo modal en Bayern, en la mayoría de estados federales se usa el *möchten*

ANEXO 6
CONJUGACIÓN DE VERBOS MODALES EN PRESENTE

Personal Pron	Pronombre	Müssen	Deber	Sollen	Deber - Orden	Wollen	Querer
ich	yo	muss	debo	soll	debo	will	quiero
du	tú / vos	musst	debes / debés	sollst	debes / debés	willst	quieres / querés
er	él	muss	debe	soll	debe	will	quiere
sie	ella	muss	debe	soll	debe	will	quiere
es	eso	muss	debe	soll	debe	will	quiere
wir	nosotros	müssen	debemos	sollen	debemos	wollen	queremos
ihr	vosotros / ustedes	müsst	debéis / deben	sollt	debéis / deben	wollt	queréis / quieren
sie	ellos	müssen	deben	sollen	deben	wollen	quieren
Sie	ustedes / usted	müssen	deben / debe	sollen	deben / debe	wollen	quieren / quiere

ANEXO 6

CONJUGACIÓN DE VERBOS MODALES EN PASADO

Personal Pron	Pronombre	Dürften	Deber	Konnten	Poder	Mögen	Querer
ich	yo	durfte	debí	konnte	pude	mochte	quería
du	tú / vos	durftest	debiste	konntest	pudiste	mochtest	querías
er	él	durfte	debió	konnte	pudo	mochte	quería
sie	ella	durfte	debió	konnte	pudo	mochte	quería
es	eso	durfte	debió	konnte	pudo	mochte	quería
wir	nosotros	durften	debimos	konnten	pudimos	mochten	queríamos
ihr	vosotros / ustedes	durftet	debisteis / debieron	konntet	pudisteis / pudieron	mochtet	queríais / querían
sie	ellos	durften	debieron	konnten	pudieron	mochten	querían
Sie	ustedes / usted	durften	debieron / debió	konnten	pudieron	mochten	quería

ANEXO 6
CONJUGACIÓN DE VERBOS MODALES EN PASADO

Personal Pron	Pronombre	Müssten	Deber	Sollten	Deber - Orden	Wollten	Querer
ich	yo	musste	debí	sollte	debí	wollte	quería
du	tú / vos	musstest	debiste	solltest	debiste	wolltest	querías
er	él	musste	debió	sollte	debió	wollte	quería
sie	ella	musste	debió	sollte	debió	wollte	quería
es	eso	musste	debió	sollte	debió	wollte	quería
wir	nosotros	mussten	debimos	sollten	debimos	wollten	queríamos
ihr	vosotros / ustedes	musstet	debisteis / debieron	solltet	debisteis / debieron	wolltet	queríais / querían
sie	ellos	mussten	debieron	sollten	debieron	wollten	querían
Sie	ustedes / usted	mussten	debieron / debió	sollten	debieron / debió	wollten	querían / quería

ANEXO 6
CONJUGACIÓN DE VERBOS MODALES EN IRREAL

Personal Pron	Pronombre	Dürften	Deber	Könnten	Poder	Möchten	Querer
ich	yo	dürfte	debería	könnte	podría	möchte	desearía
du	tú / vos	dürftest	deberías	könntest	podrías	möchtest	desearías
er	él	dürfte	debería	könnte	podría	möchte	desearía
sie	ella	dürfte	debería	könnte	podría	möchte	desearía
es	eso	dürfte	debería	könnte	podría	möchte	desearía
wir	nosotros	dürften	deberíamos	könnten	podríamos	möchten	desearíamos
ihr	vosotros / ustedes	dürftet	deberíais / deberían	könntet	podríais / podrían	möchtet	desearíais / desearían
sie	ellos	dürften	deberían	könnten	podrían	möchten	desearían
Sie	ustedes / usted	dürften	deberían / debería	könnten	podrían	möchten	desearían / desearía

ANEXO 6
CONJUGACIÓN DE VERBOS MODALES EN IRREAL

Personal Pron	Pronombre	Müssten	Deber	Sollten	Deber - Orden
ich	yo	müsste	debería	sollte	debería
du	tú / vos	müsstest	deberías	solltest	deberías
er	él	müsste	debería	sollte	debería
sie	ella	müsste	debería	sollte	debería
es	eso	müsste	debería	sollte	debería
wir	nosotros	müssten	deberíamos	sollten	deberíamos
ihr	vosotros / ustedes	müsstet	deberíais / deberían	solltet	deberíais / deberían
sie	ellos	müssten	deberían	sollten	deberían
Sie	ustedes / usted	müssten	deberían / debería	sollten	deberían / debería

Anexo 7. Lista de verbos

ANEXO 7
VERBOS QUE DECLINAN EL OBJETO DIRECTO EN ACUSATIVO

Verb	Significado	Verb	Significado	Verb	Significado
achten	atender	es gibt	haber	lieben	amar
angehen	comenzar	essen	comer	machen	hacer
anfahren	chocar	finden	encontrar	mitbringen	traer
anrufen	llamar	fragen	preguntar	mitnehmen	llevar
aufräumen	arreglar	haben	tener	sehen	mirar
backen	hornear	hassen	odiar	setzen	sentar
bauen	construir	heiraten	casarse	stellen	colocar
bedeuten	significar	hören	escuchar	treffen	encontrar
bekommen	recibir	kaufen	comprar	trinken	tomar
bemalen	pintar	kennen	conocer	tun	hacer
bewundern	admirar	kochen	cocinar	verstehen	entender
bringen	llevar	legen	echar	zeichnen	dibujar
ehren	respetar-honrar	lesen	leer		

NOTA: Muchos verbos que llevan el prefijo "an" y "be"

ANEXO 7
VERBOS QUE DECLINAN EL OBJETO DIRECTO EN DATIVO

Verb	Significado	Verb	Significado	Verb	Significado
ähneln	parecerse	fehlen	faltar	nacheifern	emular
antworten	responder	fluchen	jurar	nachtrauern	añorar
beantworten	responder	folgen	seguir	sagen	decir
begegnen	encontrarse	helfen	ayudar	schmecken	gustar
bleiben	permanecer	geben	dar	sitzen	estar sentado
danken	agradecer	gefallen	gustar	stehen	estar parado
drohen	amenazar	gehören	pertenecer	verzeihen	perdonar
entfliehen	escaparse	gratulieren	felicitar	wohnen	vivir
entlaufen	escapar	helfen	ayudar	zuhören	escuchar
entsprechen	corresponder	kündigen	renunciar	zublinzeln	guiñar el ojo
entstammen	provenir	liegen	estar echado	zuwerfen	lanzar
erklären	aclarar	mitteilen	decir	zuwinken	hacer señas

NOTA: Muchos verbos que llevan el prefijo "ent", "nach" y "zu"

ANEXO 7
VERBOS QUE SE USAN CON DATIVO O ACUSATIVO

Verb	Significado	Verb	Significado	Verb	Significado
abgewinnen	encontrarle	entgegnen	responder-replicar	sagen	decir
abgewöhnen	quitar la costumbre	entnehmen	sacar	senden	enviar
abkaufen	comprar	erklären	explicar	schenken	regalar
abnehmen	quitar	erlauben	permitir-autorizar	schicken	enviar
abverlangen	exigir	ermöglichen	posibilitar	schreiben	escribir
angewöhnen	acostumbrar	erwidern	replicar	spenden	donar
anstecken	encender	erzählen	contar	übergeben	transferir
aufzwingen	imponer	geben	dar	verbieten	prohibir
befehlen	ordenar	gestatten	permitir-autorizar	verdanken	agradecer
beibringen	enseñar	klagen	quejarse	versprechen	prometer
bereiten	preparar	lassen	permitir-dejar	verzeihen	perdonar
berichten	informar	leihen	prestar	vortragen	exponer
bescheinigen	certificar	melden	anunciar-declarar	vorlesen	leer
bestimmen	determinar	mitteilen	comunicar	widmen	dedicar
beweisen	demostrar	nachweisen	demostrar-probar	zeigen	mostrar
bieten	ofrecer	nehmen	tomar-coger	zubereiten	preparar
borgen	tomar prestado	opfern	sacrificar	zutrauen	creer
bringen	llevar-traer	raten	adivinar	zuwerfen	lanzar
empfehlen	recomendar	rauben	robar		

NOTA: Muchos verbos que llevan el prefijo "ab" y "zu"

ANEXO 7
VERBOS QUE DECLINAN EL OBJETO DIRECTO EN GENITIVO

Verb	Significado	Verb	Significado	Verb	Significado
achten	prestar atención	berauben	robar-privar	überführen	declarar culpable
anklagen	acusar-denunciar	gedenken	recordar-conmemorar		
bedürfen	necesitar	würdigen	apreciar-valorar		

ANEXO 7
PRONOMBRES PERSONALES REFLEXIVOS - VERBOS REFLEXIVOS

Nominativ	Reflexiv	Verb	Significado	Verb	Significado
ich	mich	ärgern sich	molestarse	erinnern sich	recordarse
du	dich	bedienen sich	servirse-atenderse	fragen sich	preguntarse
er	sich	bemächtigen sich	apoderarse	freuen sich	alegrarse
sie	sich	bemühen sich	esforzarse	interessieren sich	interesarse
es	sich	einstellen sich	adaptarse	melden sich	registrarse
wir	uns	entledigen sich	deshacerse	rühmen sich	alabarse
ihr	euch	entschuldigen sich	disculparse	schämen sich	avergonzarse
sie	sich	erbarmen sich	compadecerse	setzen sich	sentarse
Sie	sich	erholen sich	recuperarse	unterhalten sich	conversarse

ANEXO 7
VERBOS CON PREPOSICIÓN ZU

Verb	Significado	Verb	Significado	Verb	Significado
anbieten zu	ofrecer	empfehlen zu	recomendar	verbieten zu	prohibir
anfangen zu	comenzar	entscheiden zu	decidir	vergessen zu	olvidar
aufhören zu	terminar	erlauben zu	permitir	versprechen zu	prometer
beginnen zu	comenzar	freuen sich zu	alegrarse	versuchen zu	intentar
beschließen zu	decidir	Angst, Lust haben zu	tener miedo, ganas	vorhaben zu	tener la intención
bitten zu	pedir	hoffen zu	esperar	vorschlagen zu	recomendar
brauchen nicht zu	no necesitar	raten zu	aconsejar		
einladen zu	invitar	scheinen zu	parecer-considerar		

ANEXO 7
VERBOS CON DETERMINADAS PREPOSICIONES

Verb	Significado	Verb	Significado	Verb	Significado
abhängen von	depender de	einzahlen auf	depositar en	leiden unter	sufrir de
abheben von	retirar de	einkommen aus	escapar de	liegen auf	estar hechado sobre
abzweigen von	desviarse de	entweichen aus	escapar de	münden in	desembocar en
abzweigen zu	desviarse a	erholen von	recuperarse de	nachdenken über	reflexionar sobre
achten auf	prestar atención a	erinnern an	recordar a	petzen an	quejarse a
anfangen mit	comenzar con	erkundigen bei	informar ante	profitieren von	aprovechar de
ankommen auf	depender de	erkundigen nach	informar sobre	protestieren gegen	protestar contra
anrufen bei	llamar con	ernennen zu	nombrar como	reagieren auf	reaccionar ante
antworten auf	responder a	erschrecken über	asustarse sobre	reden mit	hablar con
arbeiten an	trabajar en	erstaunen über	sorprenderse de	reden über	hablar sobre
aufhören mit	terminar con	erziehen zu	educar para	reden von	hablar de
aufpassen auf	tener cuidado con	fahren mit	viajar en	reinfallen auf	caer sobre
ausbrechen aus	escapar de	fliegen mit	volar en	reisen mit	viajar en
ausstichten nach	orientar hacia	fluchten vor	fugar de	retten vor	salvar de
bekommen von	recibir de	fragen nach	preguntar por	richten gegen	dirigirse contra
berichten über	informar sobre	geben an	dar a	riechen nach	oler a
berichten von	informar con	geben für	dar para	schießen auf	disparar a
bestehen aus	estar hecho de	gehören zu	pertenecer a	schreiben an	escribir a
bitten um	pedir un	glauben an	creer en	sinken von	disminuir de
denken an	pensar en	gratulieren zu	felicitar por	sinken um	disminuir (diferencia)
diskutieren über	discutir sobre	handeln von	comerciar con	sinken auf	disminuir hasta
drehen an	filmar en	informieren über	informar sobre	sorgen für	cuidar a
eingreifen in	intervenir en	kämpfen gegen	pelear contra	sprechen mit	hablar con
einladen zu	invitar a	konzentrieren auf	concentrarse en	sprechen über	hablar sobre
eintreten in	ingresar a	lachen über	reírse de	sprechen von	hablar de
einverstanden sein mit	estar de acuerdo con	leiden an	sufrir de (enfermedad)	stammen aus	provenir de

ANEXO 7
VERBOS CON DETERMINADAS PREPOSICIONES

Verb	Significado	Verb	Significado	Verb	Significado
stammen von	provenir de	verhandeln über	negociar sobre	verzichten auf	renunciar a
steigen auf	aumentar hasta	verkaufen an	vender a	vorankommen mit	avanzar con
steigen um	aumentar (diferencia)	verkaufen nach	vender a	vorbereiten auf	prepararse para
steigen von	aumentar de	verlangen von	exigir de	warten auf	esperar a
stöhnen über	quejarse de	verlieben in	enamorarse de	weinen über	llorar de
streiten mit	discutir con	vernehmen zu	interrogar sobre	wenden an	girar a
suchen nach	buscar a	verstehen unter	entender sobre	wetten auf	apostar en
teilnehmen an	participar en	verteilen an	repartir a	wohnen bei	vivir con
teilnehmen mit	participar con	verteilen unter	repartir entre	zählen zu	contar a
träumen von	soñar con	verurteilen zu	condenar a	zufrieden mit	contentarse con
treffen mit	encontrarse con	verweisen auf	expulsar a	zusammenleben mit	convivir con
verabreden mit	acordar con	verwenden zu	emplear en	zusammenwohnen mit	convivir con
vergleichen mit	comparar con	verwenden für	emplear para		

177

ANEXO 7
VERBOS REFLEXIVOS CON DETERMINADAS PREPOSICIONES

Verb	Significado	Verb	Significado	Verb	Significado
sich ärgern über	molestarse por	sich erholen von	recuperarse de	sich orientieren an	orientarse a
sich aufregen über	molestarse por	sich erinnern an	acordarse de	sich orientieren nach	orientarse por
sich auswirken in	afectarse en	sich informieren über	informarse sobre	sich orientieren über	orientarse sobre
sich bedanken bei	agradecer a	sich erkundigen über	informarse sobre	sich schämen für	avergonzarse de
sich bedanken für	agradecer por	sich freuen auf	alegrarse de (algo futuro)	sich streiten mit	pelearse con
sich befreunden mit	alegrarse de	sich freuen über	alegrarse de (algo presente)	sich treffen mit	encontrarse con
sich bemühen um	esforzarse en	sich fürchten um	temer a	sich trennen von	separarse de
sich beschweren über	quejarse de	sich fürchten vor	temer por	sich unterhalten mit	conversar con
sich besinnen auf	reflexionar sobre	sich gewöhnen an	acostumbarse a	sich unterhalten über	conversar sobre
sich einigen auf	ponerse de acuerdo sobre	sich handeln um	tratarse de	sich verlieben in	enamorarse de
sich einstellen auf	adaptarse a	sich interessieren für	interesarse por	sich verloben mit	comprometerse con
sich ekeln vor	tener asco de	sich kümmern um	preocuparse por	sich vorbereiten auf	prepararse para
sich entschuldigen bei	disculparse ante	sich melden bei	registrarse ante	sich wehren gegen	protegerse contra

ANEXO 7
VERBOS CON DETERMINADOS NOMBRES

Verbos con Nombres Fijos	Significado
Abschied nehmen	despedirse
Anklage erheben	presentar acusación
an der Spitze stehen	estar en la punta
an die Macht kommen	llegar al poder
Anspruch erheben auf	reclamar el derecho a
Anspruch haben auf	tener derecho a
auf das Leben kein Recht haben	no tener derecho a la vida
auf den Punkt kommen	llegar al punto
auf der Spitze stehen	estar en la punta
auf der Suche sein nach	estar en la búsqueda de
auf eine Idee kommen	tener una idea
auf etwas Auswirkungen haben	tener consecuencia sobre algo
auf Ihre Kosten kommen	pagar por cuenta propia
aus dem Wege gehen	evitar algo
außer Zweifel stehen	estar fuera de duda
Bäume umstürzen	derrumbar árboles
Bezug nehmen auf	referirse a
das Abwasser klären	purificar el agua
das Verfahren eröffnen	aperturar/abrir el juicio
den Eindruck haben	tener la impresión
den Entschluss fassen zu	tomar la determinación de
den Notstand ausrufen	llamar a estado de emergencia
der Artikel handelt von	el artículo trata de
ein Attentat jemanden begehen	atentar contra alguien
ein Buch erscheint	publicar un libro (pasivo)
ein Buch herausgeben	publicar un libro (activo)
ein Gefühl ausdrücken	expresar una sensación
ein Gerücht verbreiten	expandir un rumor
ein Gesetz beschließen/verabschieden/erlassen	promulgar/aprobar una ley
ein Gesetz einführen/durchsetzen/umsetzen	implementar una ley

179

ANEXO 7
VERBOS CON DETERMINADOS NOMBRES

Verbos con Nombres Fijos	Significado
ein Gesetz schaffen/erarbeiten/vorlegen	preparar una ley
ein Gesetz in Kraft treten	entrar una ley en vigencia
ein Gespräch mit jemandem haben	tener una conversación con alguien
ein Konto eröffnen bei	abrir una cuenta en
ein Programm durchlaufen lassen	dejar correr un programa
ein Risiko eingehen	tomar un riesgo
einen Skandal aufdecken	destapar un escándalo
ein Verfahren aussetzen	suspender un proceso judicial
ein Ziel stecken / setzen	asumir un objetivo
eine Abmachung treffen	realizar un acuerdo
eine Anordnung treffen	disponer
eine Antwort geben / erteilen	dar una respuesta
eine Ausbildung haben	tener una educación
eine Ausführung beenden	terminar una presentación
eine Barriere überspringen / überwinden	superar o vencer una barrera
eine Entscheidung treffen / fällen	tomar una decisión
eine Erfahrung verbessern	mejorar una experiencia
eine Familie gründen	formar una familia
eine feste Beziehung eingehen	convivir con alguien
eine Frage haben zu	tener una pregunta sobre
eine Frage stellen	realizar una pregunta
eine Freundschaft schließen	terminar una relación
eine Frequenz einstellen	sintonizar una frecuencia
eine Gelegenheit wahrnemen	aprovechar una oportunidad
eine gute Erziehung bekommen	recibir una buena educación
eine gute Karriere machen	hacer una buena carrera
eine Meinung äußern / darlegen	expresar una opinión
eine Meinung durchsetzen	imponer una idea
eine Meinung vertreten	representar una opinión
eine Nachricht erhalten	recibir una noticia

ANEXO 7
VERBOS CON DETERMINADOS NOMBRES

Verbos con Nombres Fijos	Significado
eine Nachricht hinterlassen	dejar un recado
eine Rede halten	dar un discurso
eine Resolution beschließen	decidir una resolución
eine Rolle spielen	desempeñar un papel
eine Stelle bekommen	recibir un puesto
eine Umfrage machen	hacer una encuesta
eine Umfrage durchführen	realizar una encuesta
eine Unwahrheit sagen	decir una mentira
eine Versorgung sicher zu stellen	asegurar un aprovicionamiento
eine Wirkung haben	tener un efecto
eine Zusicherung geben	dar una promesa
einen Anfang machen	comenzar
einen Antrag stellen auf	presentar una solicitud a
einen Bedarf decken	cubrir una necesidad
einen Beitrag leisten	contribuir
einen Blick werfen	echar un vistazo
einen Eindruck machen	causar una impresión
einen Kredit aufnehmen	tener un crédito
einen Rat geben	dar un consejo
einen Vorschlag machen	dar un consejo
einen Vorwurf machen / erheben	hacer un reproche
Einfluss haben auf	tener influencia sobre
Einfluss nehmen auf	influenciar sobre
Energie erzeugen	producir energía
Energie produzieren	producir energía
Erlaubnis erteilen / geben	autorizar
etwas zu wider laufen	algo va en contra de
etwas zur Diskussion stehen / stellen	someter algo a discusión
Flüge streichen	anular vuelos
Fuß fassen	consolidarse

181

ANEXO 7
VERBOS CON DETERMINADOS NOMBRES

Verbos con Nombres Fijos	Significado
Geld abheben von	retirar dinero de
Geld einzahlen auf	depositar dinero a
Geld aus dem Fenster werfen / schmeißen	derrochar dinero
Geld / Summe / Betrag haben	tener dinero
gute Resultate erzielen / ergeben	obtener buenos resultados
im Bau sein	estar en construcción
sich im Bau befinden	encontrarse en construcción
im Elend / Armut leben	vivir en pobreza
im Sterben liegen	estar muriéndose
in Anspruch nehmen	hacer uso de
in Armut geraten	caer en pobreza
in Auftrag geben	encomendar
in Bewegung setzen / versetzen	poner en funcionamiento
in den Ruhestand treten/gehen	jubilarse/retirarse
in der Lage sein	estar en la capacidad
in Erfüllung gehen	cumplirse
in Erstaunen versetzen / geraten	asombrarse
in Gebrauch haben	hacer uso
in Gefahr bringen	poner en peligro
in Gefahr sein / schweben	estar en peligro
in Haft nehmen	detener
in Rechnung stellen	poner en cuenta
in Schutz nehmen	salir en defensa
in Verdacht geraten	hacerse sospechoso
in Vergessenheit geraten	caer en el olvido
in Verlegenheit bringen / kommen / geraten	poner en aprieto
in Verwirrung geraten	desconcertarse
Information herausnehmen	sacar información
ins Wasser fallen	fallar algo
Interesse haben an	tener interés en

ANEXO 7
VERBOS CON DETERMINADOS NOMBRES

Verbos con Nombres Fijos	Significado
nach jemandem Ausschau halten	buscar con la vista a alguien
jemandem Bescheid geben	avisar a alguien
jemandem eine Falle stellen	tender una trampa a alguien
jemandem Lob spenden	alabar a alguien
Kinder bekommen	tener hijos
Medikamente erhalten	contener medicamento
Möglichkeiten eröffnen	aperturar posibilidades
nach meiner Auffassung	según mi opinión (escrito)
nach meiner Meinung	según mi opinión (hablado)
nach meiner Ansicht	según mi opinión (hablado)
Oberleitungen abreißen	cortar cables aéreos
Preise verleihen	otorgar/conferir premios
Recht haben auf	tener derecho a
Rechte wahrnehmen	defender derechos
Reisen anullieren	anular viajes
Rezepte verschreiben	recetar recetas
sehr nett sein zu	ser muy gentil con
Schäden anrichten	causar daños
scharfe Kritik üben/äußern	expresar/manifestar críticas
sich in Acht nehmen	cuidarse de
Spaß haben	tener diversión
Straßen räumen	limpiar calles
Trinkwasser aus Salzwasser aufbereiten	desalinizar agua salada
unter Beobachtung stehen	estar en observación
unter Einfluss stehen	estar bajo influencia
Unterstützung genießen/haben	tener/gozar de apoyo
Verantwortung auf jemanden übertragen	delegar responsabilidad a alguien
Verdacht schöpfen	entrar en sospecha
von Bord gehen	salir de a bordo
vor Gericht kommen	ir al tribunal

Alemán sencillo para hispanohablantes

ANEXO 7
VERBOS CON DETERMINADOS NOMBRES

Verbos con Nombres Fijos	Significado
Vorbereitungen treffen	hacer preparativos
Vorsorge treffen	tomar precauciones
Zugverbindungen einstellen	parar comunicaciones ferroviarias
zu einer Entscheidung kommen	llegar a una decisión
zu Wort kommen	tomar la palabra
zu Wort kommen lassen	ceder la palabra
zum Abschluss bringen/kommen	terminar
zum Ausdruck bringen	expresar
zum Krieg rüsten	prepararse para la guerra
zum Punkt kommen	llegar al punto
zum Thema kommen	llegar al punto
zur Debatte stellen / stehen	debatir
zur Einsicht kommen	entrar en razón
zur Folge haben	tener como consecuencia
zur Verfügung stehen	estar a disposición
zur Versteigerung bringen	sacar a subasta

Alemán sencillo para hispanohablantes

ANEXO 7
VERBOS SIMILARES AL CASTELLANO

Verben	Significado	Verben	Significado	Verben	Significado
absolvieren	absolver	balancieren	balanzar	deportieren	deportar
absorbieren	absorber	basieren	basar	deprimieren	deprimir
adaptieren	adaptar	bibliografieren	bibliografiar	deregulieren	desregular
adoptieren	adoptar	blockieren	bloquear	desertieren	desertar
akklimatisieren	aclimatar	bombardieren	bombardear	desinfizieren	desinfectar
alarmieren	alarmar	boykottieren	boicotear	destabilisieren	desetabilizar
alphabetisieren	alfabetizar	brillieren	brillar	destillieren	destilar
amortisieren	amortizar	charakterisieren	caracterizar	detonieren	detonar
amputieren	amputar	codieren	codificar	dezentralisieren	descentralizar
analysieren	analizar	datieren	datar	diagnostisieren	diagnosticar
animieren	animar	deaktivieren	desactivar	differenzieren	diferenciar
annoncieren	anunciar	debattieren	debatir	digitalisieren	digitalizar
annullieren	anular	definieren	definir	diktieren	dictar
antizipieren	anticipar	deformieren	deformar	dirigieren	dirigir
appellieren	apelar	degenerieren	degenerar	diskriminieren	discriminar
applaudieren	aplaudir	degradieren	degradar	diskutieren	discutir
archivieren	archivar	deklamieren	declamar	disponieren	disponer
argumentieren	argumentar	deklarieren	declarar	disqualifizieren	descalificar
aromatisieren	aromatizar	deklinieren	declinar	divergieren	divergir
arrangieren	arreglar	dekodieren	decodificar	dividieren	dividir
artikulieren	articular	delegieren	delegar	dokumentieren	documentar
asphaltieren	asfaltar	demaskieren	desenmascarar	dominieren	dominar
assimilieren	asimilar	demokratisieren	democratizar	dosieren	dosificar
assistieren	asistir	demolieren	demoler	dotieren	dotar
assoziieren	asociar	demonstrieren	demostrar	dramatisieren	dramatizar
atomisieren	atomizar	demontieren	desmontar	editieren	editar
attackieren	atacar	demoralisieren	desmoralizar	ejakulieren	eyacular
attestieren	atestiguar	demotivieren	desmotivar	elektrifizieren	electrificar
automatisieren	automatizar	denunzieren	denunciar	eliminieren	eliminar
autorisieren	autorizar	deponieren	deponer	emigrieren	emigrar

185

ANEXO 7
VERBOS SIMILARES AL CASTELLANO

Verben	Significado	Verben	Significado	Verben	Significado
emittieren	emitir	frankieren	franquear	industrialisieren	industrializar
eskalieren	escalar	frequentieren	frecuentar	infiltrieren	infiltrar
ettiketieren	etiquetar	frittieren	freír	informieren	informar
evakuieren	evacuar	frottieren	frotar	initialisieren	inicializar
exekutieren	ejecutar	frustrieren	frustrar	insistieren	insistir
exerzieren	ejercitar	funktionieren	funcionar	inspirieren	inspirar
exhumieren	exhumar	fusionieren	fusionar	installieren	instalar
existieren	existir	galoppieren	galopar	instruieren	instruir
exkommunisieren	excomulgar	galvanisieren	galvanizar	instrumentalisieren	instrumentalizar
expandieren	expandir	garantieren	garantizar	integrieren	integrar
experimentieren	experimentar	generieren	generar	intensivieren	intensificar
explodieren	explotar	gratinieren	gratinar	internationalisieren	internacionalizar
exportieren	exportar	gravieren	grabar	internieren	internar
fabrizieren	fabricar	harmonieren	armonizar	interpretieren	interpretar
fabulieren	fabular	homogenisieren	homogenizar	intervenieren	intervenir
fantasieren	fantasear	hypnotisieren	hipnotizar	ionisieren	ionizar
faszinieren	fascinar	idealisieren	idealizar	irritieren	irritar
favorisieren	favorecer	identifizieren	identificar	kalkulieren	calcular
filmen	filmar	ignorieren	ignorar	kampieren	campar
filtrieren	filtrar	illuminieren	iluminar	kanalisieren	canalizar
finanzieren	financiar	illustrieren	ilustrar	kandidieren	candidatear
flankieren	flanquear	imitieren	imitar	kapitulieren	capitular
flexibilisieren	flexibilizar	immigrieren	inmigrar	kastrieren	castrar
fluktieren	fluctuar	immunisieren	inmunizar	katalogisieren	catalogar
fluoreszieren	florecer	implantieren	implantar	katapultieren	catapultar
formatieren	formatear	implizieren	implicar	klassifizieren	clasificar
formen	formar	imponieren	imponer	kollaborieren	colaborar
formieren	formar	importieren	importar	kolonisieren	colonizar
formulieren	formular	imprägnieren	impregnar	kolorieren	colorear
fotokopieren	fotocopiar	improvisieren	improvisar	kombinieren	combinar

Alemán sencillo para hispanohablantes

ANEXO 7
VERBOS SIMILARES AL CASTELLANO

Verben	Significado	Verben	Significado	Verben	Significado
kommandieren	comandar	lamentieren	lamentar	oxidieren	oxidar
kommentieren	comentar	legalisieren	legalizar	oxydieren	oxidar
kommerzialisieren	comercializar	legitimieren	legitimar	paktieren	pactar
kommunizieren	comunicar	limitieren	limitar	paraphrasieren	parafrasear
kompensieren	compensar	liquidieren	liquidar	parieren	parir
kompletieren	completar	lokalisieren	localizar	parken	parquear
komponieren	componer	magnetisieren	magnetizar	partizipieren	participar
komprimieren	comprimir	malträtieren	maltratar	passieren	pasar
kompromittieren	comprometer	marginalisieren	marginar	pasteurisieren	pasteurizar
kondensieren	condensar	marschieren	marchar	patentieren	patentar
kondolieren	condoler	masturbieren	masturbar	patrouillieren	patrullar
konferieren	conferir	maximieren	maximizar	pausieren	pausar
konfigurieren	configurar	meditieren	meditar	perfektionieren	perfeccionar
konfirmieren	confirmar	menstruieren	menstruar	perforieren	perforar
konfrontieren	confrontar	minimieren	minimizar	personifizieren	personificar
konjugieren	conjugar	missionieren	misionar	pervertieren	pervertir
konkretisieren	concretar	mobilisieren	mobilizar	phantasieren	fantasear
konstatieren	constatar	modellieren	modelar	philosophieren	filosofar
konsternieren	consternar	modifizieren	modificar	planieren	planear
konstituieren	constituir	montieren	montar	polarisieren	polarizar
konstruieren	construir	motorisieren	motorizar	polemisieren	polemizar
konsultieren	consultar	multiplizieren	multiplicar	politisieren	politizar
konsumieren	consumir	mutieren	mutar	popularisieren	popularizar
kontaminieren	contaminar	observieren	observar	positionieren	posicionar
kontrastieren	contrastar	offerieren	ofrecer	postulieren	postular
konvertieren	convertir	operieren	operar	potenzieren	potenciar
kooperieren	cooperar	opponieren	oponer	prädestinieren	predestinar
koordinieren	coordinar	optieren	optar	praktizieren	practicar
korrigieren	corregir	organisieren	organizar	präparieren	preparar
kurieren	curar	oszillieren	oscilar	präsentieren	presentar

187

ANEXO 7
VERBOS SIMILARES AL CASTELLANO

Verben	Significado	Verben	Significado	Verben	Significado
präsidieren	presidir	reklamieren	reclamar	signalisieren	señalar
privilegieren	privilegiar	rekonstruieren	reconstruir	situieren	situar
probieren	probar	rekrutieren	reclutar	strangulieren	estrangular
produzieren	producir	relaxen	relajar	suggerieren	sugerir
proklamieren	proclamar	rekapitulieren	recapitular	suspendieren	suspender
propagieren	propagar	rentieren	rentar	tendieren	tender
protegieren	proteger	reparieren	reparar	thematisieren	tematizar
protestieren	protestar	residieren	residir	titulieren	titular
protokollieren	protocolar	resignieren	resignar	transpirieren	transpirar
reaktivieren	reactivar	resultieren	resultar	urinieren	orinar
regenerieren	regenerar	revolutionieren	revolucionar	variieren	variar
reglementieren	reglamentar	rezitieren	recitar	zelebrieren	celebrar
reimportieren	reimportar	rotieren	rotar	zentralisieren	centralizar
rekapitulieren	recapitular	servieren	servir		

188

Anexo 8. Artículos determinados, indeterminados y declinaciones

ANEXO 8
ARTÍCULOS DETERMINADOS E INDETERMINADOS

Género	Best Art	Unbest Art	Negation	Art Deter	Art Indeter	Negación
Maskulin	der	ein	kein	el	un	ningún
Feminin	die	eine	keine	la	una	ninguna
Neutrum	das	ein	kein	lo	un	ningún
Plural	die	xxx	xxx	las/los	unas/unos	xxx

ANEXO 8
DECLINACIÓN DE ARTÍCULOS DETERMINADOS E INDETERMINADOS EN ACUSATIVO DATIVO Y GENITIVO

Género	Bestimmter Artikel				Unbestimmter Artikel				Negation			
	Nominativ	Akkusativ	Dativ	Genitiv	Nominativ	Akkusativ	Dativ	Genitiv	Nominativ	Akkusativ	Dativ	Genitiv
Maskulin	der	den	dem	des	ein	einen	einem	eines	kein	keinen	keinem	keines
Feminin	die	die	der	der	eine	eine	einer	einer	keine	keine	keiner	keiner
Neutrum	das	das	dem	des	ein	ein	einem	eines	kein	kein	keinem	keines
Plural	die	die	den	der	xxx	xxx	xxx	xxx	xxx	xxx	xxx	xxx

ANEXO 8
PRONOMBRES RELATIVOS

	Maskulin	Feminin	Neutral	Plural
Nominativ	der	die	das	die
Akkusativ	den	die	das	die
Dativ	dem	der	dem	denen
Genitiv	dessen	deren	dessen	deren

ANEXO 8
N-DECLINACIÓN

	Maskulin I		Maskulin II		Mischform	
Nominativ	der	Panzer	der	Junge	der	Gedanke
Akkusativ	den	Panzer	den	Jungen	den	Gedanken
Dativ	dem	Panzer	dem	Jungen	dem	Gedanken
Genitiv	des	Panzers	des	Jungen	des	Gedankens

Anexo 9. Preposiciones

ANEXO 9							
PREPOSICIONES USADAS CON ACUSATIVO O DATIVO							
Präposition	Significado	Präposition	Significado	Präposition	Significado	Präposition	Significado
an	en-a-sobre-de	in	en-a-con-dentro	unter	bajo-entre		
auf	en-a-sobre-por	neben	junto a-cerca-además	vor	delante de-antes		
hinter	tras-detrás de	über	sobre-encima	zwischen	entre		

ANEXO 9
PREPOSICIONES USADAS CON ACUSATIVO

Präposition	Significado	Präposition	Significado	Präposition	Significado
durch	por medio	kontra	contra	um	alrededor
für	para-por-a	ohne	sin	via	via
gegen	contra-hacia	pro	pro	wider	contra

ANEXO 9
PREPOSICIONES USADAS CON DATIVO

Präposition	Significado	Präposition	Significado	Präposition	Significado
aus	de	gemäß	conforme a	seit	desde
außer	fuera de	mit	con	vis a vis	frente a frente
bei	junto con	nach	hacia-después	von	de-a partir de
bis	hasta	nahe	cerca de	vor	antes de-delante de
entgegen	en contra de	neben	al lado de	zu	a
entsprechend	según-conforme a	nebst	junto con-incluido		
gegenüber	frente a	samt	con-en compañía de		

ANEXO 9

PREPOSICIONES USADAS CON GENITIVO

Präposition	Significado	Präposition	Significado	Präposition	Significado
abseits	lejos de	hinsichtlich	en cuanto a	seitens	de parte de
angesichts	en vista de	infolge	debido a	statt	en lugar de
anhand	mediante	inklusive	inclusive-incluido	ungeachtet	a pesar de
anlässlich	con motivo de	innerhalb	dentro de	unweit	cerca de
aufgrund	a causa de	kraft	en virtud de	während	durante
außerhalb	fuera de	mangels	por falta de	zeit	durante toda
einschließlich	incluido	mithilfe	con ayuda de	zugunsten	en favor de
halber	a causa de	namens	en nombre de		

ANEXO 9

PREPOSICIONES USADAS CON DATIVO O GENITIVO

Präposition	Significado	Präposition	Significado	Präposition	Significado
dank	gracias a	trotz	a pesar de	zufolge	según-conforme a
laut	según-en virtud de	wegen	a causa de-debido a		

Anexo 10. Conjunciones

ANEXO 10
CONJUNCIONES QUE OCUPAN POSICIÓN CERO

Konjunktion	Significado	Konjunktion	Significado	Konjunktion	Significado
aber	pero	sondern	sino	und	y
denn	pues				

ANEXO 10
CONJUNCIONES QUE OCUPAN POSICIÓN UNO

Konjunktion	Significado	Konjunktion	Significado	Konjunktion	Significado
also	así-por tanto-o sea	jedoch	sin embargo-no obstante		
dennoch	sin embargo-no obstante	nachdem	después de-después que		

ANEXO 10
CONJUNCIONES QUE DESPLAZAN EL VERBO AL FINAL DE LA ORACIÓN

Konjunktion	Significado	Konjunktion	Significado	Konjunktion	Significado
als	cuando	nachdem	después de-después que	soweit	en cuanto-por lo que
als ob	como si	ob	si	sowie	así como-en cuanto
bevor	antes de-antes de que	obgleich	a pesar de que-aunque	während	mientras-mientras que
da	ya que-dado que	obschon	a pesar de que-aunque	warum	por lo que-por eso
damit	para que-a fin de que	obwohl	a pesar de que-aunque	weil	porque
dass	que	ohne dass	sin que	wenn	cuando-si-en caso de que
ehe	antes de-antes de que	sobald	en cuanto-tan pronto como	weshalb	por lo que-por eso
falls	si-en caso de que	sodass	de manera que	weswegen	por lo que-por eso
indem	mientras	sofern	si es que-en caso de que		

Anexo 11. Adverbios

ANEXO 11
ADVERBIOS QUE OCUPAN POSICION CERO

Adverbien	Significado	Adverbien	Significado	Adverbien	Significado
auch	también	auch nicht	tampoco	sogar	incluso-aun

ANEXO 11
ADVERBIOS QUE OCUPAN POSICION UNO

Adverbien	Significado	Adverbien	Significado	Adverbien	Significado
allerdings	pero-sin embargo	darum	por eso	inzwischen	mientras tanto-entre tanto
bevor	antes de-antes que	dazu	con eso-para eso	trotzdem	sin embargo-no obstante
daher	por eso-de ahí	deshalb	por eso	zwar	aunque-si bien
dann	luego-después	deswegen	por eso		
darüber hinaus	además	insofern	en este sentido		

Anexo 12. Adjetivos

ANEXO 12
ADJETIVOS SIMILARES AL CASTELLANO

Adjektiven	Significado	Adjektiven	Significado	Adjektiven	Significado
abstrakt	abstracto	atheistisch	ateo	didaktisch	didáctico
absurd	absurdo	athletisch	atleta	digital	digital
adäquat	adecuado	atlantisch	atlántico	diktatorisch	dictatorial
administrativ	administrativo	atmosphärisch	atmosférico	diplomatisch	diplomático
adriatisch	adriático	attributiv	atributivo	direkt	directo
adverbial	adverbial	atypisch	atípico	diskret	discreto
aerodynamisch	aerodinámico	authentisch	auténtico	diskriminierend	discriminatorio
affektiert	afectado	autobiografisch	autobiográfico	distanziert	distanciado
afghanisch	afgano	autodidaktisch	autodidáctico	disziplinarisch	disciplinario
afrikanisch	africano	autokratisch	autocrático	diszipliniert	disciplinado
aggressiv	agresivo	automatisch	automático	dogmatisch	dogmático
akademisch	académico	autonom	autónomo	dokumentarisch	documental
akrobatisch	acrobático	autoritär	autoritario	dominant	dominante
aktiv	activo	axial	axial	doppelt	doble
akustisch	acústico	bakteriologisch	bactereológico	dramatisch	dramático
akzeptabel	aceptable	baltisch	báltico	drastisch	drástico
albanisch	albano	barbarisch	bárbaro	dynamisch	dinámico
alkoholisch	alcohólico	biblisch	bíblico	effektiv	efectivo
alkoholisiert	alcoholizado	biografisch	biográfico	effizient	eficiente
allergisch	alérgico	biologisch	biológico	egoistisch	egoísta
alphabetisch	alfabético	bisexuell	bisexual	egozentrisch	egocéntrico
alphanumerisch	alfanumérico	botanisch	botánico	elastisch	elástico
alternativ	alternativo	brillant	brillante	elegant	elegante
ambitioniert	ambicioso	britisch	británico	elektrisch	eléctrico
ambivalent	ambivalente	bürokratisch	burocrático	elektromagnetisch	electromagnético

ANEXO 12
ADJETIVOS SIMILARES AL CASTELLANO

Adjektiven	Significado	Adjektiven	Significado	Adjektiven	Significado
ambulant	ambulante	chaotisch	caótico	elektronisch	electrónico
amerikanisch	americano	charakteristisch	característico	elementar	elemental
amoralisch	amoral	chemisch	químico	elliptisch	elíptico
analytisch	analítico	chirurgisch	quirúrjico	emanzipatorisch	emancipatorio
anarchistisch	anarquista	cholerisch	colérico	emotional	emocional
anatomisch	anatómico	choreografisch	coreográfico	emotionell	emocional
anonym	anónimo	chronisch	crónico	energisch	enérgico
anorganisch	inorgánico	chronologisch	cronológico	enorm	enorme
anormal	anormal	defekt	defectuoso	enthusiastisch	entusiasta
antisemitisch	antisemita	defensiv	defensivo	enzyklopädisch	enciclopédico
apathisch	apático	definitiv	definitivo	epileptisch	epiléptico
apolitisch	apolítico	dekorativ	decorativo	erotisch	erótico
äquivalent	equivalente	delikat	delicado	esoterisch	isotérico
archäologisch	arqueológico	demagogisch	demagógico	essenziell	esencial
architektonisch	arquitectónico	demokratisch	democrático	ethisch	ético
arithmetisch	aritmético	demostrativ	demostrativo	ethnisch	étnico
aromatisch	aromático	demotiviert	desmotivado	etymologisch	etimológico
arrogant	arrogante	depressiv	depresivo	euphorisch	eufórico
artistisch	artístico	desinteressiert	desinteresado	europäisch	europeo
asexuell	asexual	desorientiert	desorientado	evangelisch	evangélico
asiatisch	asiático	destruktiv	destructivo	eventuell	eventual
asozial	asocial	detailliert	detallado	exemplarisch	ejemplar
asthmatisch	asmático	dezent	decente	existenziell	existencial
astrologisch	astrológico	dezimal	decimal	exklusiv	exclusivo
astronomisch	astronómico	diabolisch	diabólico	exotisch	exótico
asymmetrisch	asimétrico	diagonal	diagonal	experimentell	experimental

ANEXO 12
ADJETIVOS SIMILARES AL CASTELLANO

Adjektiven	Significado	Adjektiven	Significado	Adjektiven	Significado
explosiv	explosivo	gigantisch	gigantesco	informell	informal
exquisit	exquisito	grammatikalisch	gramatical	ineffektiv	inefectivo
extern	externo	grammatisch	gramático	inhuman	inhumano
extravagant	extravagante	grandios	grandioso	inkompatibel	incompatible
extrem	extremo	gynäkologisch	ginecológico	inkompetent	incompetente
extremistisch	extremista	hermetisch	hermético	inkonsequent	inconsecuente
extrovertiert	extrovertido	heroisch	heroico	inkorrekt	incorrecto
exzellent	excelente	heterosexuell	heterosexual	innovativ	innovativo
exzentrisch	excéntrico	hierarchisch	jerárquico	inoffiziell	inoficial
exzessiv	excesivo	historisch	histórico	inoperabel	inoperable
fakultativ	facultativo	homogen	homogéneo	instinktiv	instintivo
falsch	falso	homosexuell	homosexual	institutionell	institucional
familiär	familiar	horizontal	horizontal	instruktiv	instructivo
fanatisch	fanático	hormonell	hormonal	instrumental	instrumental
fantastisch	fantástico	human	humano	intakt	intacto
faschistisch	fachista	humanistisch	humanista	intellektuell	intelectual
fatal	fatal	humanitär	humanitario	intelligent	inteligente
fatalistisch	fatalista	humoristisch	humorista	intensiv	intensivo
feminin	femenino	hidraulisch	hidráulico	interaktiv	interactivo
feministisch	feminista	hygienisch	higiénico	interessant	interesante
feudal	feudal	hyperaktiv	hiperactivo	interessiert	interesado
figurativ	figurativo	hypnotisch	hipnótico	interkontinental	intercontinental
fiktiv	ficticio	hypothetisch	hipotético	interkulturell	intercultural
finanziell	financiel	hysterisch	histérico	intern	interno
flexibel	flexible	ideal	ideal	international	internacional
föderalistisch	federalista	idealistisch	idealista	intim	íntimo
folkloristisch	folclórico	ideel	ideal	intolerant	intolerante

Alemán sencillo para hispanohablantes

ANEXO 12
ADJETIVOS SIMILARES AL CASTELLANO

formal	formal	identisch	idéntico	intransitiv	intransitivo
formell	formal	ideologisch	ideológico	intrigant	intrigante
fossil	fósil	idiotisch	idiota	introvertiert	introvertido
fotografisch	fotográfico	illegal	ilegal	intuitiv	intuitivo
frisch	fresco	illegitim	ilegítimo	invalid	inválido
frivol	frívolo	imaginär	imaginario	invariabel	invariable
frontal	frontal	imperialistisch	imperealista	ironisch	irónico
fundamental	fundamental	impertinent	impertinente	irrational	irracional
fundamentalistisch	fundamentalista	impotent	impotente	irreal	irreal
funktional	funcional	impulsiv	impulsivo	irregulär	irregular
funktionell	funcional	inaktiv	inactivo	irrelevant	irrelevante
futuristisch	futurista	inakzeptabel	inaceptable	irreparabel	irreparable
galaktisch	galáctico	indirekt	indirecto	irreversibel	irreversible
galant	galante	indisch	indio	islamisch	islámico
galvanisch	galvánico	indiskret	indiscreto	juristisch	jurista
gastronomisch	gastronómico	indiskutabel	indiscutible	kapitalistisch	capitalista
generell	general	individualistisch	individualista	karitativ	caritativo
genetisch	genético	individuell	individual	katastrophal	catastrofal
genial	genial	industriell	industrial	kategorisch	categórico
genital	genital	ineffektiv	inefectivo	katholisch	católico
geografisch	geográfico	ineffizient	ineficiente	kausal	causal
geologisch	geológico	infantil	infantil	klassich	clásico
geometrisch	geométrico	informativ	informativo	klimatisch	climático

ANEXO 12
ADJETIVOS SIMILARES AL CASTELLANO

Adjektiven	Significado	Adjektiven	Significado	Adjektiven	Significado
klimatisiert	climatizado	liquid	liquido	mysteriös	misterioso
klinisch	clínico	literarisch	literario	mystisch	místico
kohärent	coherente	liturgisch	litúrgico	narzisstisch	narcista
kokett	coqueto	logisch	lógico	nasal	nasal
kolonial	colonial	logistisch	logístico	national	nacional
kolossal	colosal	lokal	local	nationalistisch	nacionalista
komfortabel	confortable	lukrativ	lucrativo	naturalistisch	naturalista
komisch	cómico	lyrisch	lírico	negativ	negativo
kommunistisch	comunista	magisch	mágico	neurotisch	neurótico
kompakt	compacto	magnetisch	magnético	neutral	neutral
kompatibel	compatible	makaber	macabro	nobel	noble
kompetent	competente	manuell	manual	nordisch	nórdico
komplett	completo	marxistisch	marxista	normal	normal
komplex	complejo	maskulin	masculino	nostalgisch	nostálgico
konfessionell	confesional	masochistisch	masoquista	notariell	notarial
konformistisch	conformista	materialistisch	materialista	notorisch	notorio
konfus	confuso	materiell	material	nuklear	nuclear
kongruent	congruente	mathematisch	matemático	objektiv	objetivo
konjunkturell	coyuntural	maximal	máximo	obligatorisch	obligatorio
konkav	cóncavo	mechanisch	mecánico	obskur	oscuro
konkret	concreto	medizinisch	medicinal	obszön	obsceno
konsequent	consecuente	melancholisch	melancólico	offensiv	ofensivo
konservativ	conservativo	melodisch	melódico	offiziell	oficial
konspirativ	conspirativo	melodramatisch	melodramático	ökologisch	ecológico
konstant	constante	mental	mental	ökonomisch	económico
konstitutionell	constitucional	metallic	metálico	olympisch	olímpico

203

ANEXO 12
ADJETIVOS SIMILARES AL CASTELLANO

konstruktiv	constructivo	metallisch	metálico	opportun	oportuno
kontinental	continental	metaphorisch	metafórico	opportunistisch	oportunista
kontraproduktiv	contraproductivo	metaphysisch	metafísico	optimal	óptimo
konventionell	convencional	meteorologisch	metereológico	optisch	óptico
konvex	convexo	methodisch	metódico	oral	oral
kooperativ	cooperativo	metrisch	métrico	ordinär	ordinario
korpulent	corpulento	mikroskopisch	microscópico	organizatorisch	organizado
korrekt	correcto	militant	militante	organisch	orgánico
korrupt	corrupto	militärisch	militar	orientalisch	oriental
kosmetisch	cosmético	militaristisch	militarista	original	original
kosmisch	cósmico	mimisch	mímico	originell	original
kreativ	creativo	mineralisch	mineral	ornamental	ornamental
kriminalistisch	criminal	minimal	mínimo	orthodox	ortodoxo
kriminell	criminal	ministeriell	ministerial	orthographisch	ortográfico
kubisch	cúbico	miserabel	miserable	orthopädisch	ortopédico
kulinarisch	culinario	missionarisch	misionario	oval	oval
kulturell	cultural	mobil	móvil	pädagogisch	pedagógico
kurios	curioso	moderat	moderado	pantomimisch	pantomímico
kursiv	cursivo	modern	moderno	parallel	paralelo
kurvig	curvo	momentan	momentáneo	paramilitärisch	paramilitar
latent	latente	mongolisch	mongólico	paranoisch	paranoico
legitim	legítimo	monogam	monogamico	parlamentarisch	parlamentario
lepros	leproso	monumental	monumental	passabel	pasable
liberal	liberal	multikulturell	multicultural	passioniert	pasionado
linguistisch	lingüístico	musikalisch	musical	passiv	pasivo

ANEXO 12
ADJETIVOS SIMILARES AL CASTELLANO

Adjektiven	Significado	Adjektiven	Significado	Adjektiven	Significado
pathetisch	patético	programmatisch	programado	salomonisch	salomónico
pathologisch	patológico	progressiv	progresivo	sarkastisch	sarcástico
patriotisch	patriótico	proletarisch	proletariado	satanisch	satánico
pazifistisch	pacifista	prominent	prominente	sekundär	secundario
pedantisch	pedante	propagandistisch	propagandista	senil	senil
pejorativ	peyorativo	proportional	proporcional	sensationell	sensacional
penetrant	penetrante	protestantisch	protestante	sensibel	sensible
perfekt	perfecto	protokollarisch	protocolar	sentimental	sentimental
periodisch	periódico	provisorisch	provisional	separat	separado
permanent	permanente	provokant	provocante	separatistisch	separatista
perplex	perplejo	provokativ	provocativo	sequentiell	secuencial
personell	personal	prozentual	porcentual	sequenziell	secuencial
persönlich	personal	psychiatrisch	psiquiátrico	seriell	serial
pervers	perverso	psychologisch	psicológico	seriös	serio
pessimistisch	pesimista	psychosomatisch	psicosomático	sexistisch	sexista
phänomenal	fenomenal	pubertär	pubertad	sexuell	sexual
phantastisch	fantástico	pünktlich	puntual	simpel	simple
pharmakologisch	farmacológico	quadratisch	cuadrado	solar	solar
pharmazeutisch	farmacéutico	qualitativ	cualitativo	solid	sólido
philosophisch	filosófico	quantitativ	cuantitativo	solidarisch	solidario
phonetisch	fonético	radial	radial	sozial	social
physiologisch	fisiológico	radikal	radical	soziologisch	sociológico
physisch	físico	radioaktiv	radioactivo	spektakulär	espectacular
pikant	picante	rasant	rasante	spirituell	espiritual
plastisch	plástico	rassistisch	racista	stabil	estable

Alemán sencillo para hispanohablantes

ANEXO 12
ADJETIVOS SIMILARES AL CASTELLANO

pluralistisch	pluralista	rational	racional	statisch	estático
poetisch	poético	rationell	racional	statistisch	estadístico
polar	polar	real	real	steril	estéril
polemisch	polémico	realistisch	realista	strategisch	estratégico
politisch	político	redundant	redundante	stupid	estúpido
polygam	polígamo	reflexiv	reflexivo	subjektiv	subjetivo
popular	popular	regional	regional	subtropisch	subtropical
pornografisch	pornográfico	regressiv	regresivo	subversiv	subversivo
positiv	positivo	relativ	relativo	suggestiv	sugestivo
potent	potente	relevant	relevante	summarisch	sumario
potenziell	potencial	religiös	religioso	super	super
potentiell	potencial	rentabel	rentable	symmetrisch	simétrico
pragmatisch	pragmático	reparabel	reparable	symptomatisch	sintomático
prähistorisch	prehistórico	repräsentativ	representativo	synonym	sinónimo
praktikabel	practicable	repressiv	represivo	synthetisch	sintético
praktisch	práctico	republikanisch	republicano	talentiert	talentoso
pränatal	prenatal	resistent	resistente	technisch	técnico
präsent	presente	respektabel	respetable	technologisch	tecnológico
präventiv	preventivo	restriktiv	restrictivo	tendenziell	tendencial
präzis	preciso	rhetorisch	retórico	territorial	territorial
primitiv	primitivo	rhythmisch	rítmico	testamentarisch	testamentario
privat	privado	rigoros	rigoroso	theatralisch	teatral
probat	probado	rituell	ritual	theologisch	teológico
problematisch	problemático	robust	robusto	theoretisch	teorítico
produktiv	productivo	romantisch	romántico	therapeutisch	terapéutico
professionell	profesional	sadistisch	sádico	tolerant	tolerante

ANEXO 12
ADJETIVOS SIMILARES AL CASTELLANO

Adjektiven	Significado	Adjektiven	Significado	Adjektiven	Significado
topografisch	topográfico	tropisch	trópico	verbal	verbal
total	total	turbulent	turbulento	virtuell	virtual
totalitär	totalitario	typisch	típico	virtuos	virtuoso
totalität	totalidad	typografisch	tipográfico	visuell	visual
touristisch	turístico	typographisch	tipográfico	vital	vital
toxisch	tóxico	typologisch	tipológico	voluminös	voluminoso
traditionell	tradicional	ultraviolett	ultravioleta	vulgär	vulgar
tragisch	trágico	universal	universal	zentral	central
transitiv	transitivo	universell	universal	zeremoniell	ceremonial
transparent	transparente	utopisch	utópico	zivil	civil
transsexuell	transexual	vaginal	vaginal	zylindrisch	cilíndrico
transzendental	trascendental	variabel	variable	zynisch	cínico
traumatisch	traumático	vegetarisch	vegetariano		

Anexo 13. Números

ANEXO 13
NÚMEROS CARDINALES

Número	Escritura	Número	Escritura	Número	Escritura
0	null	11	elf	22	zweiundzwanzig
1	eins	12	zwölf	23	dreiundzwanzig
2	zwei	13	dreizehn	30	dreizig
3	drei	14	vierzehn	40	vierzig
4	vier	15	fünfzehn	50	fünfzig
5	fünf	16	sechzehn	60	sechzig
6	sechs	17	siebzehn	70	siebzig
7	sieben	18	achtzehn	80	achtzig
8	acht	19	neunzehn	90	neunzig
9	neun	20	zwanzig	100	hundert
10	zehn	21	einundzwanzig	1000	tausend

Anexo 14. Expresiones

ANEXO 14	
EXPRESIONES DE INTERÉS	
Expresión	Significado
aber in Wahrheit	pero en realidad
alkoholfrei	sin alcohol
alles in allem	en resumen
auf der einen Seite	por un lado
auf der anderen Seite	por otro lado
auf der Party von	en la fiesta de
auf DVD	en DVD
auf gar keinen Fall	de ningún modo
bis auf weiteres	hasta nuevo aviso
bis zu seinem Tod	hasta su muerte
Darf ich mich zu dir setzen?	¿Me puedo sentar a tu lado?
Das bedeutet mir sehr viel.	Eso significa mucho para mí.
Das hat nichts zu tun.	Eso no tiene nada que ver.
Das ist der Grund.	Esa es la razón.
Das ist ja furchtbar.	Eso es muy horrible.
Das ist wahr.	Eso es cierto.
Das kommt nicht in Frage.	No hay nada que preguntar.
Die Luft ist raus.	Ya no hay interés.
Die Zeit verrinnt.	El tiempo corre.
Die Zeit läuft.	El tiempo corre.
die Liebe meines Lebens	el amor de mi vida
Du lebst wirklich gesund.	Tú vives realmente sano.

ANEXO 14
EXPRESIONES DE INTERÉS

Expresión	Significado
Du siehst toll aus.	Te ves fantástico/a.
Du tust mir gut.	Me haces bien.
erste Hilfe	primeros auxilios
es handelt sich um	se trata de
es lohnt sich	vale la pena
es wäre schön	sería bonito
Etwas macht mir Sorgen.	Algo me preocupa.
für immer	por siempre
ganz und gar	totalmente
Gott sei Dank	gracias a Dios
Handarbeiten	trabajos a mano
herzlichen Dank	muchísimas gracias
Herzlichen Glückwunsch zum Geburtstag	Feliz cumpleaños
Ich bin beschäftigt.	Estoy ocupado.
Ich bin deiner Meinung.	Tengo tu misma opinión.
Ich bin fertig.	Estoy muy cansado.
Ich dachte etwas anderes.	Yo pensé otra cosa.
Ich gratuliere dir.	Te agradezco.
Ich laufe Amok	Me vuelvo loco.
Ich habe müde Augen.	Tengo los ojos cansados.

ANEXO 14
EXPRESIONES DE INTERÉS

Expresión	Significado
Ich habe richtigen Hunger.	Estoy hambriento.
Ich habe Angst.	Tengo miedo.
Ich habe recht.	Tengo razón.
Ich kann mich nicht beklagen.	No me puedo quejar.
Ich setze mich selber unter Druck.	Yo mismo me presiono.
Ich sterbe vor Durst.	Me muero de sed.
Ich teile deine Meinung.	Comparto tu opinión.
im Rahmen von	en el marco de
in allen Instanzen	en todas las instancias
in Bezug auf	con respecto a
in der Lage sein	estar en la capacidad
in der Regel	normalmente
in diesem Sinne	en este sentido
in gegenseitem Einvernehmen	de mutuo acuerdo
in vollem Umfang	en su totalidad
in Zusammenfassung	en resumen
ironische Rede	conversación irónica
ist besser etwas als gar nichst	es mejor algo que nada
jeder Zeit	en cualquier momento
Kampagnen zur Prävention	campaña de prevención
klein aber fein	pequeño pero fino
konkrete Maßnahmen	medidas concretas

ANEXO 14
EXPRESIONES DE INTERÉS

Expresión	Significado
Lass mich in Ruhe!	¡Déjame solo!
Lass mich raus!	¡Déjame salir!
Leben oder Tod	Vivo o muerto
liebe Frau	querida señora
lieber Herr	querido señor
Mach dir keinen Kopf!	¡No te preocupes!
Merk dir das!	¡Ten en cuenta!
mit freundlichen Grüßen	con amables saludos
mit herzlichen Grüßen	con cariñosos saludos
mitten in der Nacht	a la media noche
Mund-zu-Mund-Beatmung	respiración boca a boca
nationale Entwicklung	desarrollo nacional
Nehmen Sie Platz!	¡Tome asiento!
öffentliche Verkehrsmittel	transporte público
öffentlichen und privaten Lebens	vidas públicas y privadas
ohne zu wissen	sin saber
passende Bekleidung	ropa para la ocasión
passendes Geld	dinero exacto
sehr geehrte Frau	estimada señora
sehr geehrter Herr	estimado señor

ANEXO 14
EXPRESIONES DE INTERÉS

Expresión	Significado
Selbstbedienung	autoservicio
Setzen Sie sich!	¡Siéntese!
soziale Gerechtigkeit	justicia social
Tempo!	¡Rápido!
traurig zumute sein	estar muy triste
Tut mir Leid!	¡Lo siento!
über alles	sobre todo
über die Straße gehen	camine sobre la calle
um ehrlich zu sein	para ser sincero
verschlossene Leute	gente cerrada
vielen Dank im Voraus	muchas gracias de antemano
vor kurzer Zeit	por poco tiempo
Was ist los?	¿Cuál es el problema?
Was ist mit heute?	¿Qué hay hoy?
Was willst du von mir?	¿Qué quieres de mí?
Weg da!	¡Fuera!
Wie peinlich!	¡Qué desagradable!
zu Fuß	a pie

Comentarios sobre el libro

El libro que lleva por título *Alemán sencillo para hispanohablantes. Método rápido y eficaz de aprendizaje* es un parteaguas en la importancia que debe tener el entendimiento del idioma alemán, previo a su aprendizaje como tal. Si bien existen ya en el mercado un sinfín de ejemplares en la enseñanza del idioma alemán, la relevancia de este ejemplar en particular radica en que el autor ha basado y volcado en este libro su experiencia a lo largo del aprendizaje. Aunado a ello, el autor como hispanoparlante conoce muy de cerca los problemas y las dudas que se encuentran y se viven a lo largo del camino del proceso de aprendizaje; en específico, la formación de oraciones en el idioma alemán. Pero sobre todo, es extraordinaria la acción de hacer hincapié en explicaciones claras y puntuales a través de una traducción contextual, mas no literal en los ejemplos citados, lo cual, sin lugar a dudas, atenúa el problema de todo estudiante del idioma alemán. De tal manera, que este libro puede describirse como una guía y herramienta eficaz para poder llevar de la mano al lector y lograr con éxito el entendimiento de la estructura del idioma alemán, minimizando por ende las barreras estructurales del idioma que puedan existir en todo hispanoparlante.

Reitero mis felicitaciones al autor por este palpable logro, pero sobre todo, por generar conocimiento de gran ayuda a la comunidad hispanoparlante.

Gerardo Valdés Martínez

ÍNDICE

Agradecimientos — 5

Introducción — 7

Comentarios de la Dra. Claudia Dostal — 11

1. Formación de oraciones — 15

2. Los pronombres personales — 19

3. El verbo — 21

4. El objeto directo — 29

5. Información de tiempo — 33

6. Información modal — 35

7. Información de lugar — 37

8. Las preposiciones — 39

9. Las conjunciones — 51

10. Los adverbios — 55

11. Los adjetivos — 59

12. Declinación y N-Declinación	65
13. La negación	71
14. Formación de oraciones en distintos tiempos gramaticales	75
15. Formación de oraciones principales y oraciones subordinadas	83
16. Formación de oraciones relativas	85
17. Formación de oraciones irreales y condicionales - KII	89
18. Formación de oraciones pasivas	93
19. Formación de oraciones imperativas	97
20. Formación de conversaciones indirectas - KI	99
21. Formación del genitivo	103
22. Formación de comparativos y superlativos	105
23. Formación de preguntas	109
24. Uso de los verbos *sein, haben* y *werden*	115
25. Estructuras importantes	121
26. Información adicional de interés	131
26.1 Formación de palabras compuestas	133

26.2 Pronunciación especial 134

26.3 Escritura de números 134

26.4 Verbos especiales 135

26.5 Acentuación 137

26.6 Artículos que dan énfasis 138

26.7 Estilo verbal y estilo nominal 139

26.8 Expresiones 139

26.9 Diálogo 139

27. Recomendaciones del autor para un aprendizaje más efectivo 145

Anexo 1. Pronombres personales 151

Anexo 2. Pronombres posesivos y declinaciones 153

Anexo 3. Pronombres interrogativos 155

Anexo 4. Verbo sein 157

Anexo 5. Conjugación de verbos 159

Anexo 6. Verbos modales 165

Anexo 7. Lista de verbos 171

Anexo 8. Artículos determinados, indeterminados y declinaciones 189

Anexo 9. Preposiciones   193

Anexo 10. Conjunciones   197

Anexo 11. Adverbios   199

Anexo 12. Adjetivos   201

Anexo 13. Números   207

Anexo 14. Expresiones   209

Comentarios sobre el libro   213

Editorial LibrosEnRed

LibrosEnRed es la Editorial Digital más completa en idioma español. Desde junio de 2000 trabajamos en la edición y venta de libros digitales e impresos bajo demanda.

Nuestra misión es facilitar a todos los autores la **edición** de sus obras y ofrecer a los lectores acceso rápido y económico a libros de todo tipo.

Editamos novelas, cuentos, poesías, tesis, investigaciones, manuales, monografías y toda variedad de contenidos. Brindamos la posibilidad de **comercializar** las obras desde Internet para millones de potenciales lectores. De este modo, intentamos fortalecer la difusión de los autores que escriben en español.

Nuestro sistema de atribución de regalías permite que los autores **obtengan una ganancia 300% o 400% mayor** a la que reciben en el circuito tradicional.

Ingrese a www.librosenred.com y conozca nuestro catálogo, compuesto por cientos de títulos clásicos y de autores contemporáneos.

www.ingramcontent.com/pod-product-compliance
Lightning Source LLC
Chambersburg PA
CBHW020753020526
44116CB00028B/195